都市农业园区规划设计研究：以北京三元为例

张 斌 姜 鹏 钟春艳 主编

中国农业科学技术出版社

图书在版编目（CIP）数据

都市农业园区规划设计研究：以北京三元为例 / 张斌，姜鹏，钟春艳主编 . —北京：中国农业科学技术出版社，2020. 9

ISBN 978-7-5116-4797-9

Ⅰ. ①都… Ⅱ. ①张… ②姜… ③钟… Ⅲ. ①都市农业—农业园区—规划—研究—北京 Ⅳ. ①F327.1

中国版本图书馆 CIP 数据核字（2020）第 098852 号

责任编辑 朱 绯
责任校对 马广洋

出 版 者 中国农业科学技术出版社
北京市中关村南大街12号 邮编：100081
电 话 （010）82106626（编辑室）（010）82109702（发行部）
（010）82109709（读者服务部）
传 真 （010）82106626
网 址 http: // www.castp.cn
经 销 者 各地新华书店
印 刷 者 北京建宏印刷有限公司
开 本 710mm × 1 000mm 1/16
印 张 6.75
字 数 115千字
版 次 2020年9月第1版 2020年9月第1次印刷
定 价 68.00元

《都市农业园区规划设计研究：以北京三元为例》

编委会

主　编：张　斌　姜　鹏　钟春艳

副主编：姜翠红　王　植　吴思齐

编　者（按姓氏笔画为序）：

卫如雪　马　超　王　植　王源斌

司锡建　祁　娜　李　慧　李艳军

吴思齐　张　斌　张昊宬　陈立光

胡小敏　钟春艳　姜　鹏　姜翠红

智若宇

Contents 目录

第一章　绪　论

一、研究背景

当前，新时代中国特色社会主义的主要矛盾已经转化为人民日益增长的美好生活需要和不平衡不充分的发展之间的矛盾，我国经济也已由高速增长阶段转向高质量发展阶段。深化供给侧结构性改革，加快建设创新型国家，实施创新驱动发展战略和乡村振兴战略，有力推动了农业农村发展进入“方式转变、结构优化、动力转换”的新时期。根据《中共中央国务院关于实施乡村振兴战略的意见》部署与要求，大力实施乡村振兴战略，推进农业供给侧结构性改革，加快建设现代农业产业园和特色农产品优势区。这为都市农业园区的建立提供了良好的契机。

北京是全国的政治中心、文化中心、国际交流中心、科技创新中心，履行为中央党政军领导机关工作服务，为国家国际交往服务，为科技和教育发展服务，为改善人民群众生活服务的基本职责，具有凝聚荟萃、辐射带动、创新引领、传播交流和服务保障等功能。《北京城市总体规划（2016—2035年）》中指出，海淀区作为北京市中心城区之一，应建设成为具有全球影响力的全国科技创新中心核心区，服务保障中央政务功能的重要地区，历史文化传承发展典范区，生态宜居和谐文明示范区，高水平新型城镇化发展路径的实践区，充分发挥智力密集优势，加强高等学校、科研院所、产业功能区的资源整合，提升科技创新和文化创意产业发展水平。北京是一座超大城市，人均GDP已超14万元，按照世界银行的标准，已达到中等发达国家的水平。尽管农业增加值占全市GDP中的比重仅为0.6%，单从经济上衡量，可谓微不足道。但综合考量，农业的价值又是无比巨大的，特别是其生态服务价值和乐生文化价值，对于服务城市战略定位，建设国际一流和谐宜居之都，发挥着无可替代的重要作用。

近年来，结合国家出台的生态建设、绿色发展、现代农业、乡村振兴等系列政策，将北京市都市农业纳入生态建设、纳入旅游发展的呼声强烈，人们对健康食品、绿色有机农产品的要求越来越高，城市人回归自然、享受生态的热切盼望等都在催生北京都市农业新一轮“爆燃式”发展。在一系列政策引导下，未来一段时间，北京将继续贯彻工业化、信息化、城镇化、农业现代化“四化同步”战略，以高端、高效、高辐射为主要标志，以一二三产业深入融合发展为路径，融生产性、生活性、生态性于一体，创新农业的价值链，拓宽农业的就业空间和增效空间，提升农业产业竞争力，打造高精尖的都市农业产业体系。

北京三元现代都市农业科教园地处海淀区东北部，处于北京市城市功能拓展区、中关村国家自主创新示范区的发展区，属于海淀北部的城乡接合部，区位优势明显。农业是农场的传统经济，曾经充满优势，长期占据主导地位，随着农场的改革发展，在效益总量上的作用已微乎其微，但仍坐拥极佳的地域资源，都市农业发展潜力巨大，发展活力亟待激发。目前项目区都市农业发展新业态尚未成形，经营基础仍然薄弱，总体上看，园区经济转型尚处在“破题”的初级阶段。园区的最大资源是土地，最佳优势是区位，最大光环是北京首都农业集团有限公司（以下简称首农集团）。作为首都国有农业的龙头企业，首农集团在经济和社会发展方面发挥引领示范作用。“三元”是承载着历史内涵的知名品牌，多年来积淀的“感恩、责任、诚信”等文化理念是其底蕴和基础。

因此，在北京消费市场巨大的背景下，积极发挥园区农业效益，激发活力，突出农垦底蕴、文化科技和区域特色，积极建成能为首农集团品牌增光添彩的示范引领性项目，实现都市农业休闲观光示范、高效农作物种植示范、农业结构调整示范、土壤改良和现代农业设施配套示范、现代生态循环农业示范等功能，既能助力建设青山绿水的美丽北京，又能促进城乡一体化。

二、研究意义

（一）项目建设是落实京津冀协同发展战略的需要

新时期，围绕首都城市功能定位，按照京津冀协同、农林水结合、城乡互动、种养业协调的思路，根据高精尖经济结构的构建需求，加快转变农业发展方式，不断提高土地产出率、劳动生产率和资源利用率。海淀区作为中心城区之一，其农业成果展示、示范窗口的作用具有明显的区位优势。本项目在海淀区实施，有助于集成北京农业高端装备研发、智力优势，推进科技、信息等要素，与农业产业链各环节深度融合，强化智能温室、物联网应用等农业智能装备产业链创新，探索集高科技、高附加值、高效率、高辐射、集约节约、生态环保于一体的首都特色现代农业之路，推动三元都市农业园区的建设。

（二）项目建设是落实北京加强全国科技创新中心建设的需要

为贯彻落实十九大精神，全面落实全国科技创新大会精神和《国家创新驱动发展战略纲要》部署要求，坚持和强化北京全国科技创新中心地位，在京津冀协同发展中发挥引领示范和核心支撑作用。本项目的实施，必将进一步发挥首都资源优势，以全球视野谋划和推动科技创新，率先探索统筹新型工业化、信息化、城镇化与农业现代化同步发展的路径，发展籽种农业、装备农业、服务农业等具有首都特色的现代化农业新业态，引领全国农业转型升级，有效弥补“四化同步”中农业现代化这个短板，有助于真正实现“四化同步”发展，助推农业供给侧结构性改革。

（三）项目建设是落实乡村振兴战略的需要

在2018年全国农业农村科技工作会议上，科技部副部长徐南平表示，实施乡村振兴战略，就是推进农业农村的现代化。创新是农业经济发展的战略支撑，必须发挥科技创新在实施乡村振兴战略中的关键作用，以创新驱动乡村振兴发展。全面提升农业科技创新能力，不只在于顶层项目设计研发，更要形成创新示范、辐射带动作用明显的氛围。本项目通过建设都市农业园区，发展休闲农业、科技农业，依靠科技进步，不断提升农业的核心竞争力、可持续发展能力，打造海淀区农业科技园区样板，推动乡村振兴。

（四）项目建设是弥补三元农业业态短板的需要

目前三元农业业态基本稳定，主要定位为体验式休闲农园，包括市民农园和农耕文化教育两大业态。其中，市民农园发展状态基本饱和，目前出租量保持在95%以上，农耕文化教育作为近年主攻业态，以现有条件，难以满足后期发展的市场需求。结合三元农业现状，在项目内容设置和功能配置上，既要做到主题特点鲜明，又要做到业态创新且多元化。西区的花舞菊园为三元农业增加景观休闲业态，亲子活动DIY体验区丰富了农耕文化教育功能，餐饮住宿、亲子儿童乐园、生态嬉水乐园的建设为整个园区提供了深度体验项目，创客中心为高端人群提供创意休闲的环境。该项目建成后，将会成为多业态共同发展的现代都市休闲农业园区。

三、研究进展

（一）国外研究进展

国外都市农业园区发展已经成熟，当初的蓬勃发展引来了相关研究的热潮，国外学者对都市农业园区的地址选择、产业选择、技术选择、园区的内涵、园区的可持续发展以及规划布局、运行管理模式选择等方面均有大量的理论研究。

1826年杜能提出农业区位理论，指出距离城市不同距离的地理位置其地价差以及农业类型的选择，有利于土地资源的充分利用，并使农业经营者处于有利的经营地位，该理论对农业生产基地布局、农业园区的空间布局有着重要的理论指导意义。1926年熊彼特提出技术创新理论，主张农业园区是一个技术创新的平台，其本身也是一种创新，农业园区将农业生产要素、生产条件、生产组合等结合在一起并重新组合，促进了农业的发展，提高了农业生产技术。该理论同时指出技术创新对农业园区的重要性，对农业生产、农业组织管理的重要性，给之后的农业园区发展指出技术创新这一重要途径。1985年，费农拉坦和速水佑次郎提出了技术诱导变革理论，主张农业园区的发展必须以当地的资源供给为依托，在技术选择和科技投入时也应该充分考虑当地的农村体制结构，并针对具体情况提出相应的调整。该理论对农业园区的规划布局、运行管理和功能定位等方面都有极大的指导作用。增长极理论（佩鲁兹，1950）、复合生态农业理论（罗杰斯蒂，1986）从优势产业集聚带动区域经济发展、资源合理利用实现园区可持续发展的角度，对农业以及农业园区的发展提供了有效的建议，也从不同的方面解释了农业园区开发策划过程中需要考虑的问题，如何能够促使农业园区持续、稳定、高效地发展。

国外都市农业园区的基本主题大多是通过先进的农业设施和高新技术向农民、学生、游客展示新的农业生产方式。其主要模式有3种：①示范农场，是以推广先进农业技术为主题的示范基地；②休闲度假、观光农场，以旅游观光和农业体验为主要内容；③教育农场，主要以青少年学生为主要对象，向其提供农业认知、体验与科学素材、场地及相关教学服务。

（二）国内研究进展

国内学者对都市型农业园区的研究大多集中在都市型农业园区的特征、功能，园区的运行模式，园区建设过程中的问题及解决方案，园区规划研究，园区投融资问题研究等方面。

国内对都市型农业园区的市场分析研究主要包括其市场界定、市场选择、产品定位等。郑健雄等（2005）认为都市型农业园区在进行产品定位与市场选择时，必须结合产品自身特点与当地人文特色，打造都市型农业园区的优势产业，进而区分生态型、体验型、度假型等不同业态的产品类型；凌耀初（2006）就都市农业发展的产业定位问题进行了研究，指出我国都市型农业项目产业定位过程中出现的类工业化园区的问题，并提出了相应的对策建议；卢云亭（2010）认为都市型农业园区具有市场定势性，特定的项目可以吸引特定的客源，季节的变化也影响着园区内项目的改变，从而吸引不同的消费者，在市场上形成相对比较稳定的客源流。

有关都市型农业园区的现状及问题分析，国内很多学者通过具体城市、具体项目来描述。李琼（2013）通过对北京通州区都市农业园区发展中存在的资金链弱、人才紧缺等问题的分析，提出了有利于北京市都市型农业园区发展的建议，增强现代农业金融服务能力、制定科教兴农政策等；卢鹏飞（2014）从现代农业园区的规划、功能发挥、运行机制以及政府指导等方面剖析河北省现代农业园区，找出其中问题并提出合理化的建议；曾艳（2014）以统计数据的形式证明了广州市都市型农业发展的良好现状，点明了其发展优势及不利因素，在广州市良好政策环境和经济基础的机遇下，提出了推进广州市都市型农业园区可持续发展的对策建议，优化农业结构、创新融资渠道、打造农业品牌等。

目前国内都市型农业园区投融资机制尚不完善，存在很多的问题，盈利能力也较弱。有关园区融资难和盈利能力差的问题，杨振山、蔡建明（2009）详细分析了互润集团加工型企业的成长机理，指出制度平台、政府行为、生产经济活动等企业发展的外层机理以及内层机理；李长增（2013）通过对天天农场CSA盈利模式案例的分析，提出了该模式的盈利新增点以及如何进行改进；韩志强（2014）、刘梅生（1996）、诚然（1998）指出在我国都市型农业快速发展的大好机遇下，我国农业银行、农业发展银行、农村信用社应该把握良机，提出上述银行的发展战略，明确自己的功能定位；李嘉斌（2014）分析了我国农业园区的发展现状及投融资现状，建立了一个金融支撑体系的构想；周颖（2014）通过比较我国与美国、日本、欧盟等发达国家（组织）的投融资机制，提炼出了适用于中国都市型农业发展的投融资体制。

（三）都市农业园区综合评价

都市农业园区也称“都市型农业园区”，是指在一个城市内或市郊，政府根据开发的要求，遵循资源利用规律和可持续发展战略，通过一定的经济、行政和法律等手段，聚集农业生产、管理和生活各种要素进行科学整合，并使之成为功能布局优化、结构层次合理的经济、社会和生态协调系统。它与一般的现代农业园区的区别在于：都市农业园区在地域特征上明显高于一般意义上的现代农业园区。都市农业园区分布在都市圈范围内，受城市工业化和城市化的辐射作用较明显，服务于都市区甚至是都市圈，而一般意义上的现代农业园区可以不受城市的限制，地域特征并不明显。

纵观国内外学者对都市农业园区的研究成果，可以看出，国外学者对都市农业园区的研究起步较早，建设与发展相关基础理论的研究已基本成熟，其中包括区位布局理论、技术扩散理论、产权理论、创新理论、投融资理论、宏观调控理论等。我国都市农业历史较短，理论研究起步也较迟，对都市农业园区的研究基本停留在理论性介绍、国外发展都市农业园区的经验介绍和在对各地都市农业发展作简单的实证性研究的基础上提出政策性建议的层面上。另外，国内的都市农业园区名称种类繁多，没有一个正规、统一、有权威的名称出现，因此对其研究还不够系统。鉴于此，本项目的研究与设计方案只以已成熟的理论为基础，更多为的是今后项目建成的实践应用与推广。

四、技术路线（图1–1）

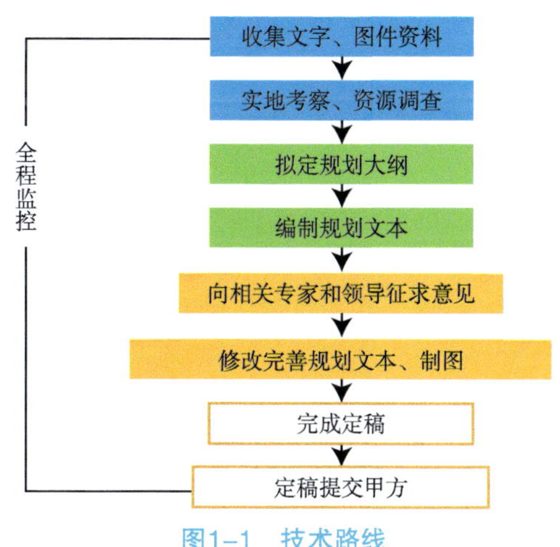

图1–1　技术路线

第二章　园区现状分析

一、区位分析

项目地点位于海淀区上庄镇。上庄镇地处海淀区西北部，镇域总面积84.55平方千米。东邻海淀区西北旺镇，南邻温泉镇、门头沟区军庄乡，西邻门头沟区妙峰山乡和昌平区流村镇，北邻昌平区阳坊镇。上庄镇政府距海淀区中心约16千米，距西直门约23千米。该镇区位优势明显、交通条件便利、周边资源丰富。

二、交通分析

园区所在位置距西六环8千米，距北五环12千米，距京新高速7.5千米，距京藏高速10千米（图2-1）。园区被上庄路分为东西两部分，毗邻京新高速，南侧为北清路，紧邻永丰高新区，西侧为翠湖国家城市湿地公园，地铁、公交、自驾便捷，交通便利。

图2-1　规划区交通示意

三、资源分析

（一）地形地貌及土壤

上庄镇地势西高东低，东西部地形差异较大，西部地区属太行山余脉西山，向南延伸，占镇域总面积的1/3，平均海拔1 000米以上；中部铁路两侧为坡地，平均海拔100米，北安河路以东、温阳路以西为平原，平均海拔45米；温阳路以东、稻香湖周围地势低洼，具有典型湿地特征。上庄镇南部为褐色土壤，北部为沙质土壤。

（二）水文气象资源

南、北沙河自西向东分别横贯镇域南北，南沙河上的上庄水库有水面1 800亩（1亩约合667平方米，全书同），蓄水量180万立方米，南沙河是海淀区北部主要的泄洪河道。上庄镇属暖温带半湿润季风气候区，热量条件好，年日照时数2 700小时。四季分明：春季增温快，干旱多风；夏季炎热多雨，多东南风；秋季短暂降温快；冬季受西伯利亚、蒙古高压控制，寒冷干燥少雪，多西北风。灾害性天气较多，如大风、冰雹、雨涝等。

四、场地分析

园区毗邻京新高速，南侧为北清路，紧邻永丰高新区，西侧为翠湖国家城市湿地公园。分为东西两个园区，上庄路从两个园区中间穿过，将园区与外界紧密联系在一起，紧邻海清北路东口公交站，途经公交有303路和512路，园区距16号地铁线屯佃站约2千米，交通便利。

场地绿化及种植条件良好，但多年未经养护和修建，杂草丛生，需要对其进行重整；建筑原有基础及结构良好，但缺乏特色，在风格上需要统一，符合园区整体设计主题，修缮完整；场地道路开裂，退化严重，铺装风格单一；项目所在地用地条件良好，需在原有基础上进行合理改造和整理。

五、园区用地分析

园区总面积1 837亩，其中，特色种植区643亩，开心农场180亩，采摘区270亩，日光温室占地面积68亩，休闲农业废弃区域95亩，连栋温室示范区46亩，服务管理区38亩。

六、SWOT分析

（一）优势分析

1. 资源优势

项目区劳动力资源充沛，农民科技文化素质较高，可以满足项目建设和运行对劳动力的要求。近年来，上庄镇财政收入连年增长，具备实施现代都市农业科技园区建设工程的社会经济条件。项目区地表水、地下水资源丰富，灌溉水源有保障，光热资源丰富，农业增产潜力大，符合立项条件。项目区电力、交通、网络等基础设施和农业技术装备水平较高，可以满足项目建设对外部环境的要求。项目区紧邻中关村科技园，为时尚的都市年轻人提供一处心灵栖息地，具备潜在的市场客群，同时筹建中的故宫北院区亦在项目区附近，有助于项目品牌影响力的提升。

2. 技术优势

项目实施过程中，项目建设运营主体依托北京市各高校、科研院所、首农集团等的技术支撑，根据项目实施过程中可能存在的问题，专门对种植技术、生产标准、品种引进、技术集成、设施改造、项目运营等进行研究，并制定具体的实施方案确保项目顺利实施。

（二）劣势分析

三元农业园区目前以农业产业发展为主，休闲产业发展处于起步阶段，整体基础薄弱，并且缺乏独占性休闲旅游资源。

（三）机遇分析

1. 政策支持

十九大报告提出要实施“乡村振兴战略”。战略中指出，农业农村农民问题是关系国计民生的根本性问题，必须始终把解决好“三农”问题作为全党工作重中之重；要坚持农业农村优先发展，按照产业兴旺、生态宜居、乡风文明、治理有效、生活富裕的总要求，建立健全城乡融合发展体制机制和政策体系，加快推进农业农村现代化。《国民经济与社会发展第十三个五年规划纲要》中指出，大规模推进农田水利、土地整治、中低产田改造和高标准农田建设。伴随着利好政策的出台，本项目的农业综合开发具备了有力的政策基础。

2. 旅游市场持续火热

北京发布了《北京市第三次全国农业普查主要数据公报》，其中提到北京市从事休闲农业和乡村旅游的经营性单位与个体经营户共3.2万个。2018年，北京市休闲农业和乡村旅游的接待人次为3 368万人次，旅游市场的发展及需求为休闲农业的发展提供了良好的机遇。

（四）威胁分析

京郊休闲旅游发展势头良好，但也存在严重的同质化问题，因此，三元农业园区休闲农业发展要实现与其他地区、其他园区形成差异化，只有这样，休闲旅游才会大有可为，成为园区产业发展的有力抓手。

第三章　市场分析与营销策略

一、市场分析

（一）休闲农业市场分析

1. 休闲农业整体呈“井喷式”发展

2016年，全国休闲农业和乡村旅游接待游客近21亿人次，营业收入超过5 700亿元，从业人员845万人，带动672万户农民受益。2017年全国休闲农业产值6 200亿元，接待游客超过22亿人次，中国休闲农业和乡村旅游各类经营主体已达33万家，比上年增加了3万多家，整个产业呈现出“井喷式”增长态势。

此外，2016年《关于大力发展休闲农业的指导意见》指出，到2020年，休闲农业产业规模进一步扩大，接待游客达33亿人次，营业收入超过7 000亿元。休闲农业未来具有广大的发展空间。

2. 北京市休闲农业分析

近年来，休闲农业和乡村旅游是全国农业发展的新趋势，也是农业供给侧结构性改革的重要内容。随着国民经济的发展、居民收入的提高，城乡居民对休闲消费需求高涨，休闲农业及乡村旅游已进入快速发展的新阶段。北京市巨大的人口数量、良好的经济水平也为休闲农业的发展提供了良好的条件。

北京市的休闲农业已经成为北京市旅游产业中的重要部分，对农民增收作用巨大。

据《北京市区域统计年鉴》分析，2006—2016年，北京市休闲观光农园接待游客人次总体呈现上升趋势，从2006年的1 210.61万人次上升到2016年的2 250.47万人次。营业收入上，2006—2016年北京市休闲观光农园营业收入总体呈现上升趋势，从2006年的10.49亿元上升到2016年的27.98亿元。

北京市第三次全国农业普查领导小组办公室、北京市统计局、国家统计局北京调查总队召开北京市第三次全国农业普查成果媒体通报会指出，2016年，北京休闲农业和乡村旅游经营收入150.7亿元，接待游客2 000万人次。2017年，北京市农村工作委员会曾发布《关于加快休闲农业和乡村旅游发展的意见》，将重点发展休闲农业和乡村旅游提上日程。未来北京将不断扩大休闲农业和乡村旅游产业规模，实现接待人次、经营收入年均增长5%和8%以上，到2020年，分别达到5 000万人次和60亿元，并形成京津冀休闲农业协同发展新格局。

3. 北京休闲旅游客源特征分析

根据北京及京郊区旅游市场调查，北京休闲旅游客源特征如下。

（1）市民京郊游意愿强烈

95%的北京市民希望到郊区旅游、度假，近1/2的市民愿意在双休日到郊区旅游。有超过2/3的城市家庭每年都进行郊游，其中30%每年郊游3次以上。

（2）京郊游人均花费大多在300元左右

300～500元的消费人数最多，占42.2%；其次为100～300元，占26.2%；500～1 000元占21.2%。

（3）京郊游车程大多选择1～2小时

选择1～2小时的人最多，占57.2%，其次为0.5～1小时，占18.7%。北京市民大多接受1～2小时的车程，能够离开日常居住地而又不会因长距离行程感到疲惫或耽误游览休闲。

（4）多与家人或朋友出游

选择和朋友一起出游的人数最多，占48.5%；选择与家人一起出游的其次，占42.3%。

（5）旅游旺季为春夏秋季

据香山公园游客旅游时间分析，每年的4—10月是旅游旺季，这主要是因为北京这一时期气候回暖、万物复苏、百花盛开，郊外自然风光一片生机，比较适合郊游。

从以上客源特征分析中可以得出：北京京郊游客源市场大，市民出游频次高；郊游车程选择1～2小时；郊游花费人均300～500元的最多，其次为100～300元；绝大多数选择和朋友或家人出游；旅游旺季为春夏秋季。

通过京郊游的客群特点分析，并结合北京旅游市场实际情况发现：①北京作为大都市，生活节奏较快，生活压力较大，市民在周末和节假日更愿意到安静、优美的乡村放松身心，触摸乡土、感觉乡土，享受田园乐趣；②亲子活动的需求将日益火爆。随着社会经济发展、生活水平的提高，儿童教育日益受到关注，且大部分父母将教育投资放在首位。随着中国全面实施两孩政策，亲子旅游以及亲子农场迎来发展契机，已经成为休闲农业中发展最为突出、受益最显著的细分市场之一。

4. 北京三元农业有限公司（以下简称三元农业）发展分析

目前，三元农业市民农园和农耕文化教育两大业态市场发展如下。

（1）市民农园业态

目前，三元农业市民农园共有稳定客户700余户，平均年出租地块925块。平均年收入330万元。其中32%的客户为5年以上的忠实客户，业态客户黏性强。

（2）农耕文化教育业态

自2015年6月开始，三元农业着手发展农耕文化教育业态。2016年为市场定位期，农耕文化教育收入为14万元；2017年为市场实践期，农耕文化教育收入为16万元，同时带动果蔬采摘收入增长30%；2018年为市场发展期，截至2018年4月底，农耕文化教育收入已达15万元。目前主要客户群体定位为幼儿园亲子活动以及中小学社会实践大课堂活动，同时辅以定制式亲子农耕体验活动，以活动课程带动园区应季农产品销售。

东区的发展既可为西区提供客源基础，又可为西区发展提供市场运营经验。

（二）花卉产业市场分析

1. 市场形势

近年来，中国花卉产业发展势头良好，全国现有6.6万多家花卉企业，形成了以北京、上海、广州、云南为中心的4个花卉交易市场，花卉产业的区域性和专业化程度不断加强。

与花卉生产规模不断扩大相对应的是花卉出口的不断增长。经过30年的发展，中国花卉产业从1980—1990年的恢复阶段，步入现在的调整转型与创新发展阶段。2016年，全国花卉生产面积133.01万公顷，比2015年增长1.91%。花卉销售额1 389.6亿元，比2015年增长6.69%。整体产业发展比较平稳。

2. 区域竞争力

我国花卉产业竞争力最强的区域包括上海、北京、浙江、江苏、广东等省（市）。这些地区的花卉产业本身就具有较为雄厚的基础，具备较为优越的地理位置，自然要素禀赋优越，因此，这些省（市）的花卉产业竞争力位于前列，花卉产业的发展各有侧重，但发展动因和机制有相似之处，具有明显的区域特点。

北京和上海情况类似，本身经济发达，地理位置优越，同时还拥有独特的区位优势，即拥有比较雄厚的科技资源。北京和上海两市均十分重视对花卉科技研究开发的投入，不仅立项开展对花卉新品种的研究，还广泛开展技术培训，建立大中专院校与企业结合制度，及时将科技成果转化为企业产品，培养花卉基地，以科技项目为纽带，实现了科研机构和企业的结合，保证了科研成果的产业化推广。

（三）市场竞争优势分析

1. 项目区位优势

北京作为首都城市，具有独特的区位优势，且经济发达，人民生活水平较高。同时项目区位于北京市海淀区，作为项目区0.5～1小时经济圈，市场空间潜力巨大。

（1）客源基数庞大

据《北京区域统计年鉴2017》，海淀区常住人口为359.3万人，其中0～14岁常住人口32.3万人，均位居全市第二，仅次于紧邻的朝阳区。2016年，海淀区幼儿园及中小学在校学生为31.93万人，位居全市第一。结合海淀区京郊游客源特点及北京市旅游市场分析得出的亲子游市场日益火爆的趋势，项目区建设内容的潜在客源基数庞大。

（2）人均消费能力强

据《北京区域统计年鉴2017》，海淀区2016年地区生产总值为5 395.2亿元（全市第一），全区人均可支配收入67 022元（全市第二），人均消费支出46 630元，人均消费能力位居全市第一。

此外，项目区紧邻中关村科技园，园区从业人员整体文化水平较高、综合素质高、收入高，年龄偏年轻化，容易接受新事物。同时由于平时工作、生活压力大，对缓解压力的渴望及追求时尚、要求高品质生活的特点，有助于园区项目的推进及发展。准备筹建的故宫北院区亦在园区附近，更加有助于提升园区的区位优势。

2. 建设平台优势

首农集团是北京市的“菜篮子、米袋子、奶瓶子”，拥有“首农”“三元”“八喜”等一批知名品牌，并与麦当劳、丘比、壳牌、复星、华信等多家知名企业合资合作，具有较强的市场竞争力和品牌影响力。2017年12月15日，首农集团、京粮集团和二商集团联合重组成立北京首农食品集团有限公司。重组后的新公司资产、营收双超千亿元，集团拥有“三元”“古船”“六必居”“王致和”等一批老字号品牌，拥有三元股份、珠江控股两家上市公司平台。

北京三元农业有限公司是首农集团旗下的现代都市休闲型农业公司，是本项目的建设运营单位，与“三元食品”“三元种业”等知名品牌，携手为北京市民提供安全、绿色、健康的农产品及休闲观光体验。未来，北京三元农业不仅是现代农业示范园区、农事科普教育基地，还会是绿色首都健康生活的引领者。

北京市农林科学院始建于1958年，现已发展成为学科齐全、设备先进、学术水平较高、产业能力强，为北京农业发展提供强有力科技支撑的综合性农业研究机构。全院围绕“三农”需求，开展农业科学研究、科技服务与成果转化工作，为北京都市现代农业和京津冀农业现代发展提供科技支撑和智力支持，下辖14个专业研究所，逐步形成了覆盖农、林、牧、渔，具有都市型现代农业研究特色的综合性农业科研体系，形成了动植物种质资源创新与新品种选育，优质、安全、高效农产品生产技术，农业信息技术与智能装备，农产品深加工与冷链物流，生态与休闲农业，农业工程咨询与农业综合发展战略研究六大优势领域。

二、营销策略

（一）主打产品项目

1. 休闲娱乐及农耕文化项目

儿童乐园、VR体验中心、亲子农耕DIY体验区、垂钓乐园等项目满足游客休闲娱乐需求。

2. 景观观赏及农业科技体验项目

菊花种植景观、百合种植景观、玫瑰月季种植景观、微地形景观等多处可供游客欣赏，食用菊花、食用百合等特色农产品创意加工体验区，利用科技体验形式，为游客带来农业科技的直观展示。

3. 餐饮项目

水上餐厅、美食厨坊、咖啡厅、茶室等满足游客用餐需求。

4. 商品贸易项目

设置特色农产品商业街、菊花交易中心，用于园区伴手礼、加工产品、种植产品、花卉种苗、花卉盆栽、集团产品及成果的展示与售卖。

（二）主攻市场

立足北京，以北京本地市场为主，辐射周边区域，主抓亲子休闲农业游、市民农园、中小学社会实践活动、樱桃采摘、全国科普性研学游为主的旅游市场，打造具有品牌影响力的，具有科技、体验、教育、观赏意义的现代城市田园综合体。

（三）营销方式

1. 传统销售与电商方式结合，互联网与微信方式结合

打造线上线下同步宣传、销售，着重开发销售新业态。

2. 生产与体验式销售结合

通过花卉景观、花卉种苗、花卉种植技术的展示、园区产品的体验与销售活动相结合。

（四）目标市场定位

1. 三元农业东区农耕体验项目已形成规模

三元农业东区年固定客户入园频次超10万人次，但东区现有项目明显满足不了客户需求，西区建设的三元都市农业园引入了多项农业科技体验类项目，既弥补了东区项目的不足，满足游客需求，又提升了三元农业整体实力，形成新的经济增长点。保守预计东区客户引流至西区，全年将超过1万人次。

2. 休闲娱乐和景观观赏为主打项目

作为三元都市农业园的主要产品业态，休闲娱乐项目与景观观赏项目是园区主要客流量的带动点。针对园区的休闲娱乐项目，引入专业运营团队，保证其运营项目为园区引进的客流量，并签定相关协议，以稳定园区客群，预计可为园区增加客流量8万人次。

3. 弥补餐饮项目短板

三元农业2018年成功成为北京市中小学社会实践大课堂资源单位，由于公司现有业态缺少餐饮等项目，无法申报北京市教委学农教育项目。三元都市农业园的建成将弥补这一短板，结合亲子机构，形成东区、西区捆绑式亲子游营销策略，预计可吸引客流量4万人次。

4. 发展全国研学教育游

全国研学教育需要科普知识类项目进行支撑，三元都市农业园打造花卉科技的研学内容，具有先进性、科普性，可面向全国推广，支撑园区发展全国研学教育游，预计接待研学教育游客2万人次。

（五）经营方式

园区作为经营平台，负责项目区规划、基础设施建设、园区整体风格及园区经营风险的把控，公司通过发挥品牌效应及资源优势，引入优质的企业和专业的运营团队，对园区设置的功能项目和活动内容进行合作经营，取得合作收益，包括固定收益、按比例分成收益和浮动收益。

第四章　发展战略

一、总体定位

立足北京，以休闲、体验、种植、科技、教育、展示为主题，打造高端农业“花卉休闲综合体”“休闲体验田园基地”“品种引进种植基地”“研发展示基地”，结合现代农业科学技术、先进的农业设备及先进的经营管理方式，建设国际、国内具有品牌影响力的高新农业科技园区。

以自然生态为依托，以周边文化为底蕴，以都市农业园为核心品牌，以各色创意、创新、创客为补充，融合花卉艺术、科普教育、文化创意、康体养生、婚庆文化于一体的国际性、庄园型、高端式知名品牌。

国际性：以国际性的理念，产品、品质服务和有效营销，塑造城市田园艺术品牌。

庄园型：以周边文化为依托，以科普教育、文化创意、健康养生为重点产品，以大地艺术为主的心灵式旅游。

高端式：通过“三元”品牌带动与全方位的产业转型升级，打造国际知名都市农业产业园。

二、规划思路

挖掘菊花、百合、玫瑰、油菜花文化价值，提升场地文化内涵，更新文化体验模式，打造北京市最全面的花卉观赏体验中心；以园区花田景观为重心，结合其他农耕文化、市民农园和农业景观，通过视觉、触觉、嗅觉、听觉的不同体验模式和创意景观序列的规划安排，为不同人群提供不同形式的文化体验。

依托花卉产业与中关村科技园区，以花卉文化（即健康文化、养生文化）为主题，融合当地特色资源，依托各农业科研院所技术支撑，重点在景观打造、文化展示、科普教育、亲子活动、休闲体验上打基础，打造具有品牌影响力的，有科技、体验、教育、观赏意义的现代休闲园区。

从产品设计上，突出多重价值、多感官的、可体验的、舒适快乐、山水田园、内容丰富和健康、生态的特点。实现国际化、个性化、生态化、人本化、时尚化、多样化、健康化和体验化。

三、设计理念

在休闲旅游发展方向上将有所差异和突破——从区域自然资源的实际出发，对其自然风光、节点进行生态化、精品化建设。根据自然环境及资源条件，统筹规划，突出“首农”“三元”、农场等资源，围绕科技、文化、生态多层次、多角度地深入挖掘资源，打造蕴涵农耕文化的精神家园。

四、发展目标

建成花卉种植基地，以种苗繁育、品种选育、教育科普、经济产出为主的花海，打造北京第一家现代、高端、科技的花卉文化产业体验园。

第五章　空间结构与功能布局

一、空间结构

根据规划的指导思想、总体定位及发展目标，按照“规划科学化、园区生态化、生产现代化、管理信息化”发展原则，充分考虑园区条件现状、产业基础、园区功能及景观美化效果，对各功能区进行合理布局，形成“一心两轴八区”的总体空间结构。一心：农产品加工体验及园区服务中心；两轴：特色菊花文化展示轴、特色南瓜品种展示轴；八区：花艺文化创意展示区、“花舞菊园”菊花种植展示区、食用菊花培育展示区、“花好月圆”玫瑰月季种植展示区、户外亲子活动体验区、“百年好合”百合种植展示区、特色教育互动体验区、婚纱摄影观光体验区，见图5-1。与现在已经初具规模的东区形成客源共享、资源互补的发展模式，实现区域联动，协同发展。

图5-1 园区空间结构

二、功能布局（图5-2，图5-3）

图5-2 园区功能布局

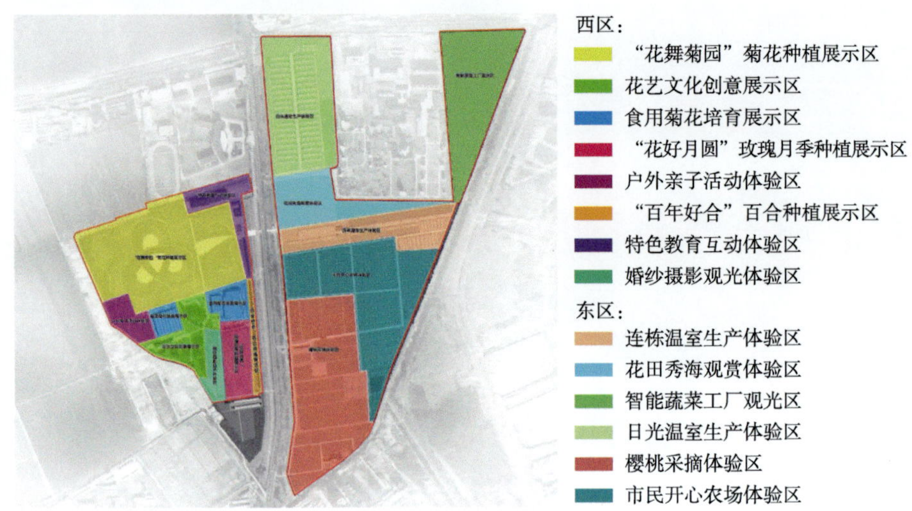

图5-3　东区、西区功能布局

（一）农产品加工体验及园区服务中心

建设内容： 农产品DIY平台、亲子互动平台、园区游客服务中心。

发展思路： 通过改造设立DIY活动体验、亲子互动、特色产品展示项目及游客服务中心，为游客提供产品展示、互动体验平台，同时为游客提供咨询、商品售卖等服务。

（二）特色菊花文化展示轴

建设内容： 立体绿化、花境、花坛、文化展板。

发展思路： 利用多种模式展示菊花的造型、种类以及与菊花相关的文化故事，增加场地的文化内涵。

（三）特色南瓜品种展示轴

建设内容： 提升廊架结构、栽植多品种南瓜。

发展思路： 引种北京市农林科学院先进稀有的南瓜品种，打造北京市特有的南瓜长廊，开展南瓜文化节、DIY雕刻等。

（四）“花舞菊园”菊花种植展示区

建设内容：菊花（油菜花）种植展示、特色菊花文化展示、特色南瓜品种展示、观景台、观景长廊。

发展思路：该区主要以鲜花种植为主，根据花期分为两个阶段即9—11月种植菊花、4—6月种植油菜花，同时结合三元标志，打造三季有花可赏的花镜景观，在园区入口处给游客以视觉震撼。

（五）花艺文化创意展示区

建设内容：高端餐饮休闲体验、水上餐厅、创意空间、花廊、农耕文化展示区。

发展思路：依托园区内原有的建设条件，对场地植物和水系进行整改，引入餐饮、观光和休闲服务，打造具有三元品牌特色的科技园区休闲服务。

（六）食用菊花培育展示区

建设内容：茶菊栽植、设施提升、专家公寓、专家休憩驿站。

发展思路：将现有的1号温室（共10个棚）进行恢复提升，配置智能管控系统，改造成现代化的智能温室。用于种植食用菊花，分为红、黄、粉3个颜色，2个花期，其中5个栽植花期为9—10月的食用菊，另外5个栽植花期为11—12月的食用菊。同时与食用菊花温室协调配合，进驻行业专家，增设实物教育基地，为其提供一个便于开展工作和休憩的场所，提升园区的专业高度。

（七）“花好月圆”玫瑰月季种植展示区

建设内容：玫瑰、月季栽植。

发展思路：园区内规划玫瑰种植园，搭配月季，路旁规划花境搭配树状月季，丰富花田的景观效果。

（八）户外亲子活动体验区

建设内容：亲子乐园。

发展思路：以企业文化为核心，引入以亲子为主题的休闲娱乐项目，形成家庭式、全年龄段均可参与的娱乐项目，打造具有园区IP属性的主题乐园。

（九）“百年好合”百合种植展示区

建设内容：百合花田。

发展思路：百合寓意百年好合，花型美观，花期6—7月，该区种植丰富多样百合花，形成景观色带，既填充园区花期，做到三季有花，又能吸引游客。

（十）特色教育互动体验区

建设内容：入口广场、农产品加工体验中心、农业科普中心、游客服务中心。

发展思路：为入园游客提供信息咨询、旅游接待、产品展示、农业科普体验等综合服务。园区入口是开放空间，入口处做三元标志的模纹花坛，加强入口处景观效果，北部厂房改造作农产品加工，如食用菊花、南瓜工艺品等。

（十一）婚纱摄影观光体验区

建设内容：摄影景观小品、休憩站。

发展思路：提供专业的婚纱摄影场所，打造精致摄影平台，进驻专业团队，为新人婚纱摄影提供服务。

三、项目设计

园区项目设计主要为四大功能类别，包括18个项目，详见表5-1。

表5-1　园区项目设计列表

序号	项目类别	项目名称
1	休闲娱乐类项目	亲子活动DIY体验区及VR体验
2		创客中心
3		亲子儿童乐园
4		儿童嬉水乐园
5		食用菊花温室观赏
6	景观观赏类项目	观景长廊
7		花舞菊园（观赏菊）
8		花好月圆（玫瑰月季）
9		静心台
10		荷塘月色
11		生态草坪
12		百年好合（百合）
13		火树银花（银杏大道）
14	餐饮住宿类项目	亲子主题餐厅
15		风情木屋住宿项目
16	商贸类项目	特色商品交易区
17		特色商贸长廊
18		花艺产品交易区

（一）休闲娱乐类项目（图5-4）

1. 亲子活动DIY体验区及VR体验

建设思路：通过改造，设立DIY活动体验、亲子互动、特色产品展示项目，为游客提供产品展示及互动体验平台。设置VR体验中心，将最新VR技术与园区教育相结合，做到未见园先知园。

2. 创客中心

建设思路：将园区别墅部分空间提升为创意空间，提供多种多样的花卉、植物微景观，吸引创客，打造教育创意以及创作空间。

3. 亲子儿童乐园

建设思路：以企业文化为核心，引入以亲子为主题的休闲娱乐项目，形成家庭式、全年龄段均可参与的娱乐项目，打造具有园区IP属性的主题乐园。

4. 儿童嬉水乐园

建设思路：利用南部分隔开的私密水域，创造一个半开敞空间，作为儿童嬉水乐园，契合亲子游主题，增加园区整体趣味性。

5. 食用菊花温室观赏

建设思路：连栋温室内种植食用菊花，提升园区的经济效益，同时利用园艺造型提升内部景观高度，还具备一定的教育以及售卖功能。

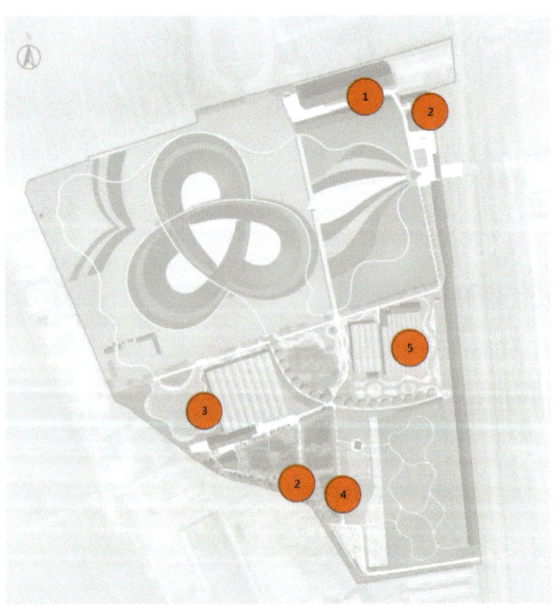

1. 亲子活动DIY体验区及VR体验；2. 创客中心；3. 亲子儿童乐园；4. 儿童嬉水乐园；5. 食用菊花温室观赏

图5-4　休闲娱乐类项目分布

（二）景观观赏类项目（图5–5）

6. 观景长廊

建设思路：依托园区中轴廊架进行改造提升，以防腐木为主要材质设计观景长廊，廊高4.3米，造型呈飘带状进行空间划分，营造良好的空中视角，俯瞰花田景观，可以直接观赏花田造型。

7. 花舞菊园（观赏菊）

建设思路：主要运用菊花打造大型花卉景观，同时结合企业logo标识，打造三季有花可赏的花境景观，作为园区的主景区。

8. 花好月圆（玫瑰、月季）

建设思路：园区内规划玫瑰种植园，搭配月季，使园区开花时间延长，路旁规划花境搭配树状月季，丰富花田的表现效果。

6. 观景长廊；7. 花舞菊园（观赏菊）；8. 花好月圆（玫瑰、月季）；9. 静心台；10. 荷塘月色；11. 生态草坪；12. 百年好合（百合）；13. 火树银花（银杏大道）

图5–5　景观观赏类项目分布

9. 静心台

建设思路：园区内制高点，可以俯瞰全园花田景观，花田设计logo一览无余，通过植被的合理搭配，设计障景与古亭相结合，打造一个安静处所，形成与观景长廊相呼应的观赏点。

10. 荷塘月色

建设思路：在水面区域种植荷花，密度不宜过大，围靠在廊桥附近，打造水生植物景观，避免水域景观的单调。

11. 生态草坪

建设思路：草坪的景观亲和度高，适合承载氛围强烈的活动，配合婚礼及婚纱摄影等活动，可以很好地提升环境氛围。

12. 百年好合（百合）

建设思路：百合寓意百年好合，且花型美观，花期为7—8月，该区种植丰富多样百合花，形成景观色带，填充园区花期，做到三季有花，吸引游客。

13. 火树银花（银杏大道）

建设思路：园区内设计弧状道路，间植银杏，分支点高1.5米，创造秋季景观，突出季相表达。

（三）餐饮住宿类项目（图5-6）

14. 亲子主题餐厅

建设思路：亲子主题餐厅是整个高端农业体验区最为核心的建筑，其功能主要为小型表演和高端餐饮，在建筑风格上与园区紧密结合，提升该区域整体景观格调。

14. 亲子主题餐厅；15. 风情木屋住宿项目

图5-6　餐饮住宿类项目分布

15. 风情木屋住宿项目

建设思路：对场地原有的木屋进行改造，设计多种风格，提升其内饰和外饰效果，竭力为每一位顾客提供一个远离喧嚣、宁静闲适的环境。亲朋好友、夫妻恋人置身其间，倍感舒适惬意。

（四）商贸类项目（图5-7）

16. 特色商品交易区

建设思路：与园区农产品DIY平台形成商业整体，为游客提供特色商品交易。

17. 特色商贸长廊

建设思路：建设多个单元格组成的带状交易区，每个单元格独立租赁于严格筛选的服务商，提升园区的整体商业格调。

18. 花艺产品交易区

建设思路：花卉产品交易与温室功能相结合，对精品盆栽、特色花艺等产品进行售卖和宣传。

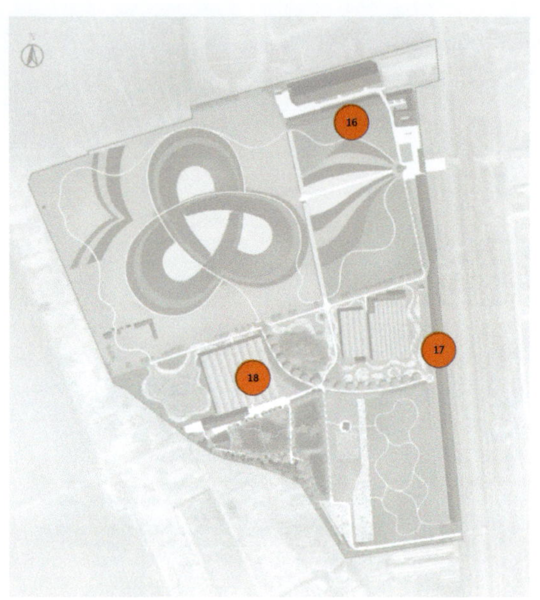

16. 特色商品交易区；17. 特色商贸长廊；18. 花艺产品交易区

图5-7　商贸类项目分布

第六章　园区专项设计与规划

一、重要节点

（一）入口大门（图6-1）

建设思路：大门以木材为主要材料，喷涂七色，融入三元标志，打造生态型入口，同时大门底部种植各类灌木、藤本类植物。

图6-1　入口大门设计效果

（二）游客服务中心（图6-2）

建设思路：服务中心采用玻璃和钢结构以及木材的结构设计，风格上贴近中式，利用玻璃与阳光的投影，营造出墙体变化的特征。

图6-2　游客服务中心设计效果

（三）入口广场

1. 影壁（图6-3）

建设思路：对园区影壁进行重新设计，融入新中式风格，配合镜面水池，达到空间感的提升。

图6-3　影壁设计效果

2. 水池（图6–4）

建设思路： 水池采用无边界设计，水深5 ~ 10厘米，池底作中式雕纹，这样充分考虑到冬日的景观效果，也不会显得单调。

图6–4　水池设计效果

3. 大门广场入口（图6–5）

建设思路： 大门广场入口放置“牛”主题雕塑，契合园区风格，显示亲子活动内涵。入口处设置倾斜45° 入口标示牌以石笼和耐候钢板为主材，钢印“三元悠活·坐忘谷”几个大字。铺装采用中轴对称式加强视点的透视感，火烧板配光面花岗岩提升广场的精致感。

图6–5　大门广场入口设计效果

4. 广场装饰（图6-6）

建设思路：广场草地勾边采用碎石铺装，树池采用如图所示的设计理念，满足多人的休憩功能。

图6-6 广场装饰设计效果

（四）商业街（图6-7）

建设思路：商品交易区采用连续弧状起伏造型，主材使用玻璃和防腐木，二者融合可以很好地提升构筑物气质。

图6-7 商业街设计效果

（五）特色商贸展示区（图6–8）

建设思路：商品交易展示区外立面改造以钢条涂漆，通过疏密的变化来展示图案，可按照园区特色进行定制。

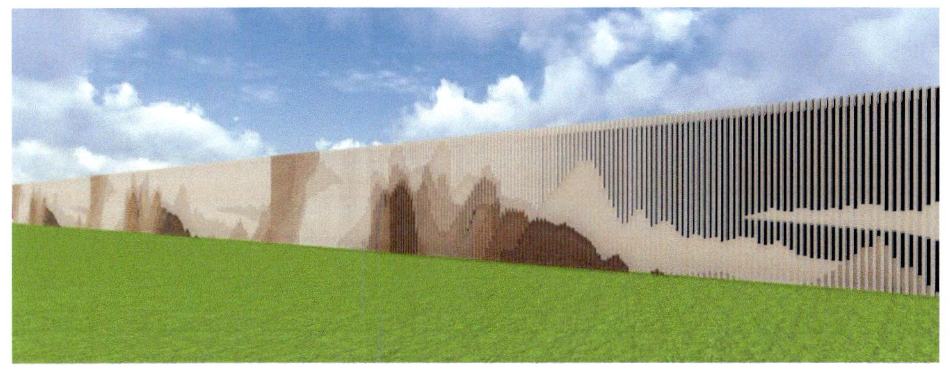

图6–8　特色商贸展示区外立面设计效果

（六）观景长廊（图6–9）

建设思路：园区观景廊道在原廊架基础上进行改建，廊道采用钢结构和木材相结合，飘带状的廊架造型可以使行人在观赏时有不同的空间体验。

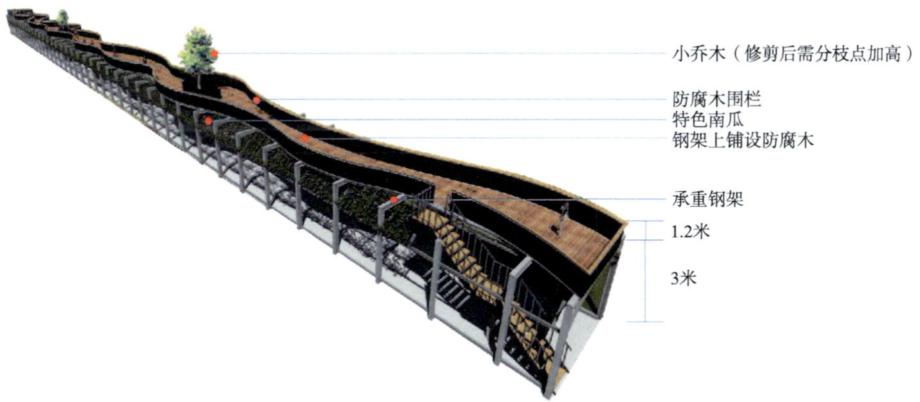

图6–9　观景长廊设计效果

（七）湖　区

1. 景桥（图6-10）

建设思路：湖区景桥设置多个出入点，连接不同的功能区，景桥采用石材和木材为主要材料，部分节点使用玻璃，增强观赏效果。

图6-10　景桥设计效果

2. 驳岸及绿植（图6-11）

建设思路：湖区驳岸采用自然式风格进行改造，湖内栽植荷花、芦苇等净化水质的植物，需定时清理。

图6-11　驳岸及绿植设计效果

3. 创客中心（图6-12）

建设思路：别墅以及创客中心建筑屋顶采用园区整体风格进行改造，外立面仍使用玻璃材质进行加工美化。

图6-12　创客中心设计效果

4. 水上餐厅（图6-13）

建设思路：水上餐厅屋顶与园区其他建筑材质相同，立面风格采用新中式，增加玻璃幕墙，使空间通透感增强。

图6-13　水上餐厅设计效果

（八）亲子区（图6-14）

建设思路： 将园区东部亲子区分成两个功能不同的区域，即亲子服务区和亲子活动区。亲子服务区以绿地为主，功能偏向服务于家长游客的休憩和观赏。亲子活动区主要设置花田、农业园主题的游乐设施，供亲子游乐。

图6-14　亲子区功能布局

二、景观绿化

（一）道路景观绿化

园内植物杂乱，但场地边缘条件良好，对园区内植物进行重整，控制灌木高度，确保视野通透，乔木冠型进行修剪，确保环境整洁、大气。

（二）水系景观绿化

园内水系较少，水系驳岸条件较好，但驳岸周边植物复杂，须做整理和重构，形成良好的人造自然景观。驳岸不适用中高灌木，种植低矮的草花或铺设草坪形成整齐的植被序列，如鸢尾、菖蒲、樱花、杜鹃等。

（三）景观小路

采用压花水泥、块岩、板岩、鹅卵石等，材料形式多样，生动有趣。道路宽1.5米。

（四）防腐木栈道

防腐木、小碎石结合，以防腐木为主，防腐木和小碎石结合为辅。

三、基础设施

（一）道路及游线设计

1. 道路设计

依据园区功能分区及项目建设内容，设计游园总环线，即一级道路，道路宽度设置为5米；分区内设计多条支线，即二级道路，道路宽度为3米，串联起游园内各个项目点；项目内部设计三级道路，即景观道，道路宽度为1.2～1.5米，充分运用景观引导游人视线，做到起承转合的效果，满足游客游览、观景需要，详见图6-15。

2. 游线设计

（1）游览线路分级规划

园区内设置3种级别环线，给不同的受众群体，提供风格，长度等不同的选择，领略不一样的观赏路线。见图6-16。

一级游线：总览全园，观赏路线最长，尽可能地避免重复路线，整个游线包含菊花、温室、玫瑰、百合、休闲区等主要观赏区域。

二级游线：概览全园，中距离观赏路线，贯穿重要的景观节点。适宜体力略显不足的受众群体。

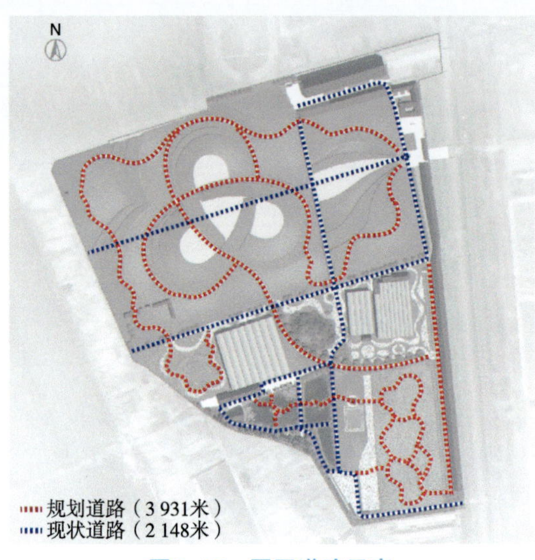

图6-15　园区道路示意

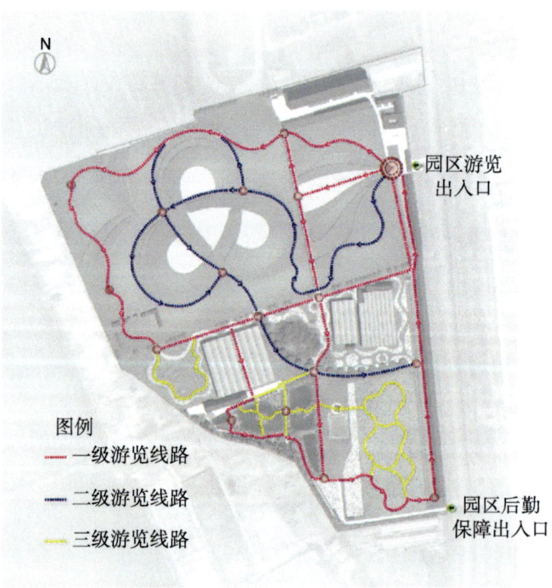

图6-16　园区游览线路分级规划

三级游线：游览区域内的小环线，主要以砂石路、汀步、冰裂碎拼等形式体现，提升游客在小空间内观赏体验。

（2）游览线路功能规划

按功能划分游览线路，共设计10条功能游线，连接园区内节点。分别是：菊花观赏游览线路、观景长廊游览线路、银杏景观游览线路、百合观赏游览线路、花艺贸易游览线路、儿童亲子游览线路、景观水岸游览线路、亲水体验游览线路、玫瑰景观游览线路和特色商贸街游览线路。见图6-17。

图6-17　园区游览线路功能规划

（二）户外卫生间（图6-18）

规划依据：依据《城市公共厕所设计标准》（JJ14—2016），户外卫生间服务半径为300～500米。重点景区服务半径按具体规划考量。此处规划户外卫生间服务半径为200米。

建设思路： 4个卫生间以中心卫生间为依托，服务全园，尽可能地覆盖全园，在人流量较大时，开放所有室内卫生间缓解服务压力。园区设置户外卫生间4个，考虑到亲子区服务量大，在餐厅布置室内卫生间1个。

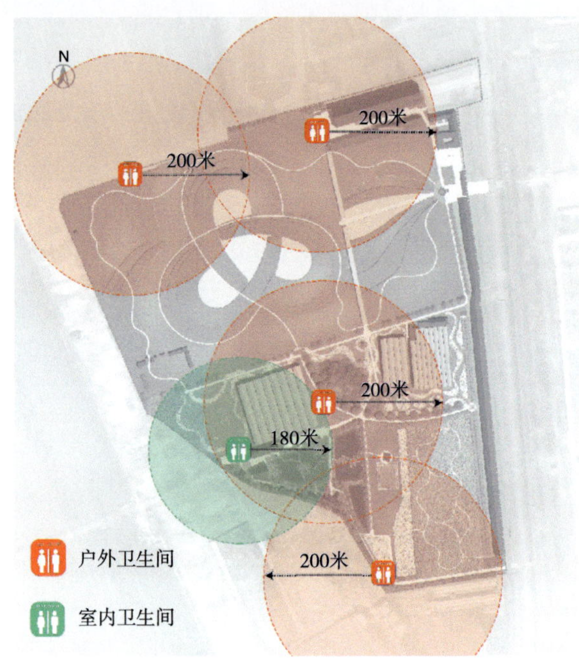

图6-18　卫生间分布

（三）围　墙（图6-19）

建设思路： 与园区建筑风格相辅相成，围墙做简约灯光设计，突出边际线，在视线范围内，填充远方的天际线，使整个园区浑然一体。

（四）座　椅（图6-20）

规划依据： 参照《公园设计规范》（CJJ48—92）第二章第四节第四条规定："公用的条凳、座椅、美人靠（包括一切游览建筑和构筑物中的在内）等，其数量应按游人容量的20%～30%设置，分布应合理。"由规范和瞬时最大游客量（3 000人）可知园区需设置座椅600～900个。

建设思路：考虑到园区建筑可以承载部分休憩功能，在户外设置座椅45个，座椅规格设置多人，3人以及5人。共承载230人左右。

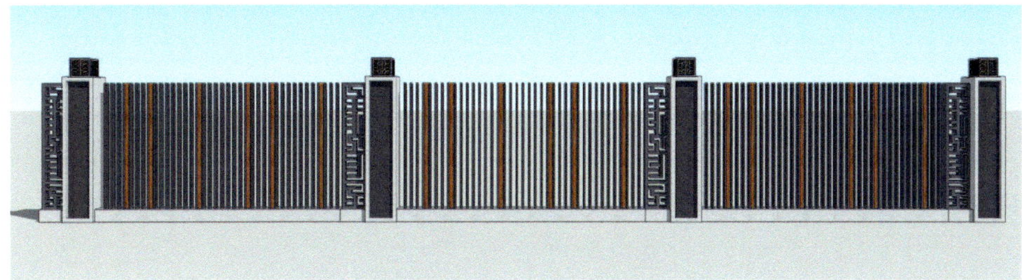

图6-19　围墙设计效果

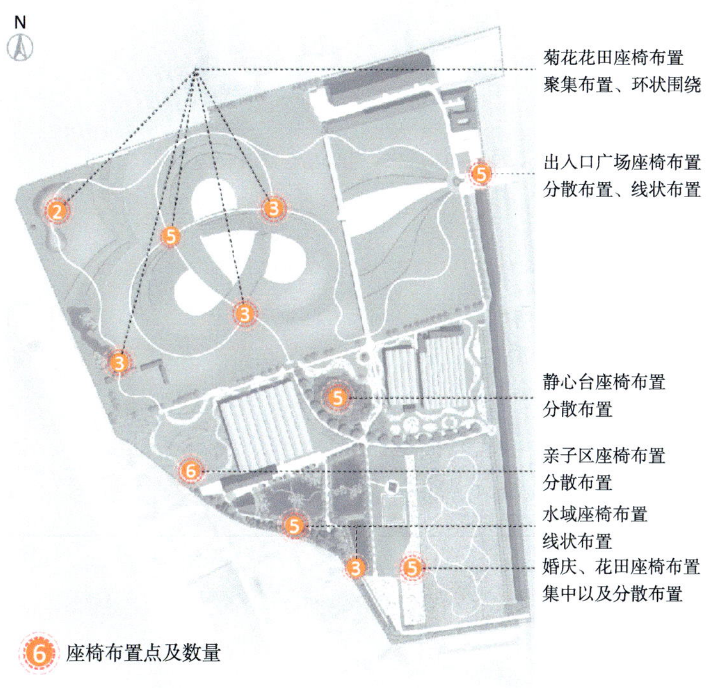

图6-20　西部园区座椅布置规划

（五）户外清洁设施（图6-21）

建设思路：出入口及重要节点设立垃圾桶。园区内垃圾桶分2期布置，即初期设立间隔100米一个，若园区人流量加大，垃圾桶负载过大，则间距50米一个。

图6-21　户外清洁设施分布

（六）标识标牌（图6-22）

建设思路：全园四类标识即一级标识、二级标识、三级标识和景观标识。一级标识2个，用于标识全园分区和重要分区的景点指示；二级标识3个，用于重要游线及道路标识；三级标识7个，用于分岔路口指引；景观标识10个，用于景观介绍及教育普及。

设计思路：以花文化为主线，融入经典的传统文化图案（祥云、花卉等）提升文化厚度，在色调上与建筑风格相统一，达到全园协调。

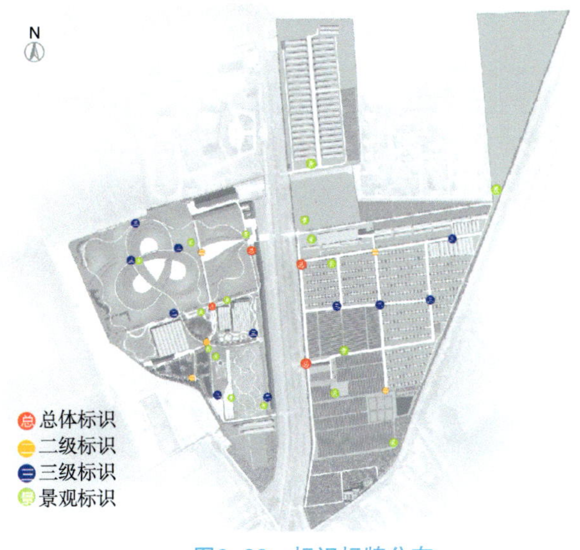

图6-22　标识标牌分布

（七）园区夜景（图6-23）

建设思路：园区整体色调采用小于3 000开色温的暖色调，稳重、温暖。因园区适宜营造照度较低的私密空间感，所以在整体照度要求上：重要节点（5勒克斯），一般节点（2勒克斯）。在照明灯具上选取新中式风格定制灯具，光源为LED清洁能源。同时依据整体园区建筑风格。采用路灯、景观灯、草坪灯方式来满足功能照明。园区功能路灯设置高度为3米。依据《城市道路和公园照明标准》，路灯间距设置20米一个。景观灯布置依据节点位置适当摆放。

图6-23　园区夜景布局

（八）停车场（图6-24）

建设思路：园区建设3个停车场，其中西区建设1号和2号停车场。1号停车场占地3 300平方米，2号停车场占地4 000平方米。东区建设3号停车场，占地1 700平方米。停车场为生态型，采用嵌草铺装为主，间植小乔木。

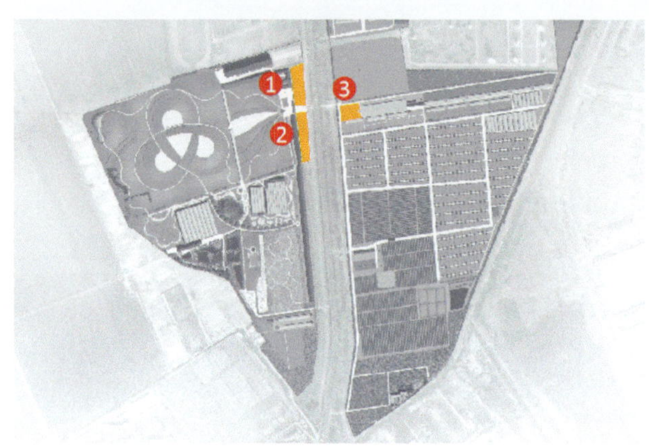

图6-24　园区停车场分布

（九）信息化工程

在整个园区范围内部署信息化设备，应用实时监测、自动化控制、智能导览、智慧生产和科普服务等措施，实现园区的信息化工程。

电子商务服务工程：以线上线下相结合的O2O电子商务模式，运用互联网实现生产基地和用户对接，构建基地特色农产品电商平台，通过电商平台打造园区农产品微商城，实现多种途径的线上营销。

温室物联网信息工程：配置温室智能化控制系统，实时监测温室内环境，包括空气温湿度、二氧化碳浓度、光照强度等，结合安全生产监控系统，采集温室图像数据，保障生产安全、稳定、有序进行。通过在连栋温室中安装环境监测及视频监控模块，在露地种植区域布置户外气象站和户外监控摄像头，实现园区的智能化生产。

第七章　投资估算与实施进度

一、投资估算

建设投资是指项目按拟定建设规模、产品方案、建设内容进行建设所需的费用，包括建设工程费、设备购置费、工程建设其他费用和预备费用。

本项目总投资额为6 208.984万元（表7-1），其中由三元公司出资960.6万元（表7-2），合作方出资5 248.384万元（表7-3）。

表7-1　建设投资估算分析

序号	项目	单位	建设规模	造价（元）	投资额（万元）	备注
第一部分	土建费用				3 646.61	
1	入口大门	个	2	500 000	100	
2	入口广场	平方米	2 100	500	105	
3	游客服务中心	平方米	560	3 000	168	
4	农业科普中心	平方米	3 093	1 500	463.95	
5	农产品加工体验中心	平方米				
6	园区特色产品交易区	平方米	4 574	1 000	457.4	
7	创意空间	平方米	451+163	1 500	92.1	
8	亲子乐园	平方米	11 432	200	228.64	
9	水上餐厅	平方米	310	2 000	62	

（续表）

序号	项目	单位	建设规模	造价（元）	投资额（万元）	备注
10	快餐厅	平方米	800	1 500	120	
11	专家工作站	平方米	420	1 500	63	
12	婚纱摄影基地	平方米	2 169	800	173.52	
13	观景长廊	个	2	750 000	150	
14	菊花文化微景观	平方米	—	—	97.75	
15	景观座椅	个	45	500	2.25	
16	连栋温室	平方米	12 202	489	596.8	东侧膜温室130.6万元，中侧膜温室58.8万元，新建玻璃连栋温室407.4万元
17	一级道路	米	1 150	1 350	155.3	
18	二级道路	米	900	810	72.9	
19	三级道路	米	1 135	300	34	
20	排水渠	米	2 800	100	28	
21	生态水面	平方米	967	400	38.7	
22	停车场	平方米	1 100	120	13.2	
23	卫生间	个	4	200 000	80	
24	资材库	平方米	205	300	6.2	
25	围栏	米	6 300	300	189	
26	特色商品展示外立面改造	个	1 145	1 300	148.9	
第二部分	设备费用				2 347.1	
1	信息化建设	项	—	—	321	
2	VR体验	项	—	—	190.4	
3	科普教育	项	—	—	174.5	
4	空气源热泵	项	—	—	660	
5	水肥一体化中心	项	—	—	368.2	
6	滑雪场设备	套	—	—	100	

（续表）

序号	项目	单位	建设规模	造价（元）	投资额（万元）	备注
7	夜景设备	项	—	—	400	
8	植物组培科研教育基地	个	—	—	133	
第三部分	科技费			115.274		
1	菊花种植展示区	亩	187	2 040（茶菊） 50（万寿菊） 2 040（观赏小菊）	30.188	
2	油菜花种植展示区	亩	187	500	9.35	
3	特色菊花文化展示轴	米	450	500	22.5	
4	特色南瓜品种展示轴	米	225	100	2.25	
5	食用菊种植展示	平方米	12 202	2 420	6.776	
6	玫瑰种植展示区	亩	25	3 780	7.56	
7	月季种植展示区	亩	5	20 500	10.25	
8	树状月季	株	100	350	3.5	
9	百合	亩	20	11 000	18.5	
10	花廊	米	140	100	1.4	
11	农耕文化展示	个	15	2 000	3	
第四部分	其他			50		
1	勘测、测绘、设计	次	1	—	50	
第五部分	预备费	—	—	—	50	
总投资			6 208.984			

表7–2　三元农业公司建设项目投资估算

序号	项目	单位	建设规模	造价（元）	投资额（万元）	备注
第一部分	土建费用			809.2		
1	入口大门	个	2	500 000	100	

（续表）

序号	项目	单位	建设规模	造价（元）	投资额（万元）	备注
2	观景长廊	个	2	750 000	150	
3	菊花文化微景观	平方米	—	—	97.75	
4	景观座椅	个	45	500	2.25	
5	一级道路	米	1 150	1 350	155.3	
6	二级道路	米	900	810	72.9	
7	三级道路	米	1 135	300	34	
8	排水渠	米	2 800	100	28	
9	卫生间	个	4	200 000	80	
10	围栏	米	6 300	300	189	
第三部分	科技费	1.4				
1	花廊	米	140	100	1.4	
第四部分	其他	50				
1	勘测、测绘、设计	次	1	—	50	
总投资	960.6					

表7-3　合作方出资建设项目投资估算

序号	项目	单位	建设规模	造价（元）	投资额（万元）	备注
第一部分	土建费用	2 737.41				
1	农业科普中心	平方米	3 093	1 500	463.95	
2	农产品加工体验中心	平方米				
3	入口广场	平方米	2 100	500	105	
4	游客服务中心	平方米	560	3 000	168	
5	园区特色产品交易区	平方米	4 574	1 000	457.4	
6	创意空间	平方米	614	1 500	92.1	
7	亲子乐园	平方米	11 432	200	228.64	
8	水上餐厅	平方米	310	2 000	62	
9	快餐厅	平方米	800	1 500	120	
10	专家工作站	平方米	420	1 500	63	
11	婚纱摄影基地	平方米	2 169	800	173.52	

（续表）

序号	项目	单位	建设规模	造价（元）	投资额（万元）	备注
12	连栋温室	平方米	12 202	489	596.8	东侧膜温室130.6万元，中侧膜温室58.8万元，新建玻璃连栋温室407.4万元
13	生态水面	平方米	967	400	38.7	
14	停车场	平方米	1 100	120	13.2	
15	资材库	平方米	205	300	6.2	
16	特色商品展示外立面改造	个	1 145	1 300	148.9	
第二部分	设备费用			2 347.1		
1	信息化建设	项	—	—	321	
2	VR体验	项	—	—	190.4	
3	滑雪场设备	套	—	—	100	
4	夜景设备	项	—	—	400	
5	科普教育	项	—	—	174.5	
6	空气源热泵	项	—	—	660	
7	水肥一体化中心	项	—	—	368.2	
8	植物组培科研教育基地	个	—	—	133	
第三部分	科技费			113.874		
1	菊花种植展示区	亩	187	2 040（茶菊） 50（万寿菊） 2 040（观赏小菊）	30.188	
2	油菜花种植展示区	亩	187	500	9.35	
3	特色菊花文化展示轴	米	450	500	22.5	
4	特色南瓜品种展示轴	米	225	100	2.25	
5	食用菊种植展示	平方米	12 202	2 420	6.776	
6	玫瑰种植展示区	亩	25	3 780	7.56	

（续表）

序号	项目	单位	建设规模	造价（元）	投资额（万元）	备注
7	月季种植展示区	亩	5	20 500	10.25	
8	树状月季	株	100	350	3.5	
9	百合	亩	20	11 000	18.5	
10	农耕文化展示	个	15	2 000	3	
第五部分	预备费	—	—	—	50	
总投资	5 248.384					

二、实施进度

实施进度包括筹备期和项目建设期，其中筹备期为3个月，项目建设期为1年，具体实施进度安排如表7-4。

表7-4　2018年项目实施进度

类别	月份														
	7	8	9	10	11	12	1	2	3	4	5	6	7	8	9
备案审查阶段	—	—													
工程项目设计预算及招投标阶段（入口大门、道路、排水渠、围栏）			—												
第一施工阶段				—	—										
第一阶段验收							—								
工程项目设计预算及招投标阶段（观景长廊、菊花文化微景观、景观座椅、卫生间、花廊）								—	—						
第二施工阶段										—	—				
第二阶段验收												—			
试运营阶段													—	—	—

第八章　效益分析

一、经济效益

本项目经济效益包括种植收入和休闲体验收入两部分。达产后其销售收入以项目建设期末的估算价格来计算，其中食用菊年收入40.50万元，盆栽及种苗年收入22.50万元，休闲体验年收入2 385.00万元，项目第6年年销售收入为2 448.00万元。园区建成后，将合作科研院所的新品种、新技术及时地通过园区向外界进行展示，使游客及产品客户及时了解花卉新品种和栽培新技术，并且将新品种与新技术尽快的应用到花卉生产中去，增加花卉品种的数量，提升花卉品质及花卉生产的科技含量。

二、社会效益

园区建成以后，通过园区的创新与示范功能，不断对外界产生影响，将极大地提高三元花卉产业的知名度，带动周边的农户积极参与园区的生产、建设，从中得到劳动报酬，增加自身收入，收入增幅可达15%以上。园区的发展，需要管理人员、技术人员、生产工人、接待人员等，同时基础设施、景观等的维护也需要从业人员，这样便可为当地市民提供一定数量的就业岗位，解决当地人员就业问题，有利于维护当地社会的和谐稳定。

三、生态效益

园区贯彻工程开发与环境整治相结合的方针，在实施和建设过程中不产生环境污染与污染物，符合国家环境保护有关规定和要求，保障园区的生态环境系统向良性方向转化。园区花卉种植、生态绿化、废弃物处理等工程的实施，构筑了各功能区的花海景观和生态景观，美化了环境，形成了独特的农业休闲旅游景点。

第九章　项目组织与管理

一、组织机构与人力资源配置

项目在实施过程中建立起项目组长负责制的组织结构。分管不同部分的副组长分工如下：一是负责基础设施建设，设备选型安装调试，配套设施、设备选型等；二是负责项目产品方案、工艺流程方案、企业标准制定、国标行标贯彻和相关认证工作。具体部门分工如下。

1. 工程建设技术组

工程建设技术组由项目领导小组从本地区聘请有关专家组成，负责项目规划设计的评估、项目执行情况的检查，并就项目执行过程中的技术问题进行指导和咨询。在接受项目领导组统一管理、指导、监督的同时，主要负责生产计划的落实安排、施工人员的组织及管理、施工现场技术指导、质量自查验收等。

2. 工程管理组

工程合同管理、技术管理和业务指导；负责工程的施工组织设计以及有效地控制和完成施工所需要的图纸、计算成果、施工方法说明书；负责施工现场各种临时设施的规划布置；编制工程进度报告等。

3. 人事管理组

劳动工资，人事调配，职工培训等。

4. 计划财务组

贯彻执行有关金融、财务、税收政策和各项规章制度，以经济效益为中心，按规定权限做好财务管理工作，准确、及时、真实、完整地反映项目财务状况，编制财务收支、预算和执行情况报告，并监督检查计划执行情况；财务管理。

5. 信息组

计算机及网络系统管理，项目信息化管理。

6. 生产安全组

生产计划调配，安全生产管理与监督，综合治理，消防安全等综合统计。

7. 矛盾调解组

工程建设管理过程中，掌握内部职工之间的矛盾以及可能影响工作情绪的各种因素的排查与解决。工程外部与群众之间可能影响项目进度的各种因素的排查与解决。

8. 办公室

负责项目协调、管理、文秘、档案，对外联络，收、发文件等日常事务性工作。

二、管理措施

（一）工程建设管理

实行工程建设五项制度，即项目法人制、工程招投标制、工程监理制、公告制和竣工验收制。同时，还要吸收管理单位、地方政府和企业参加，共同协调、处理规划实施中的有关社会问题。

1. 实行项目法人制度

企业法人是该项目组组长，负责项目的规划、设计、组织、监督、检查工作，与项目承包单位签订合同，双方承担项目的经济、技术和法律责任。

2. 实行工程招投标制度

工程招投标是对争取到的项目实施招投标管理，主要根据国家要求和项目实施方案，采用社会招投标方式组织项目建设，促进机制转化，强化政府的管理职能，将建设、经营职能移交给社会，在建设企业和承包企业之间形成甲、乙方关系，以利于提高效率，保证质量。

3. 实行工程监理制度

施工过程中，对工程进行全面质量监督检查，严格执行工程监理规章、制度。施工单位建立监理队伍，共同把好质量关。

4. 实行项目公告制度

施工过程中的权属管理工作实行公告制度，并设立公告栏，告知群众本项目的有关情况，如：项目建设背景、项目建设目的、项目规划任务、项目建设期限、工程总体布局、规划方案的效益分析、治理权属调整方案，等等，取得群众的理解和支持，并积极参加到工程中来。

5. 实行项目竣工验收制度

项目实施采取合同管理方式，由项目申报单位与项目承担单位签订实施合同，并按合同规定严格管理。项目竣工后，逐级上报对项目进行竣工验收。

（二）实施过程管理

1. 项目进度控制措施

在项目施工阶段，项目进度控制包括事前进度计划、事中进度检查、时间进度调整来对项目进度进行控制。本项目采取以下措施对项目进度进行控制。

（1）跟踪检查项目实施进度计划

定期收集反映实际工程进度的有关数据，及时了解项目实施进展情况。

（2）整理、分析收集的数据

根据现场实际完成的工作量，与计划工作量进行对比，了解实际季度比计划落后、超前，还是一致。分析进度产生偏差的原因以及偏差对后期进度的影响，提出相应的改进措施。

（3）采取进度调整措施

将有关进度状况和必要的分析通知施工单位，在明确责任的前提下，要求施工单位提出调整措施，并征得监理工程师同意。

（4）监督调整后的进度计划的实施

项目承担单位和监理工程师应严格监督施工单位按照经同意的进度调整措施施工。如果由此引起进度计划的调整，项目承担单位和监理工程师还应当协调后续各有关施工单位的关系，避免互相干扰。

2. 项目质量控制措施

为了确保工程质量，保证工程按期完工，应加强对工程质量管理，委托有资质的监理公司，对工程建设质量进行全程监理。同时，施工企业自身也要加强对施工过程各阶段的质量管理。

（1）加强施工准备阶段质量管理工作

首先，确定施工方案，制定施工进度计划；其次，对作业人员要进行上岗培训，使他们了解工程的质量要求，熟悉作业图纸；最后，对施工材料、预制构件、半成品等严格把关，不合格的产品或材料一律不要使用。

（2）加强施工过程中的质量管理工作

施工过程中不仅要配合管理单位搞好质量抽查、检查，施工企业和相关技术人员也要在实施过程中做好施工技术交底工作并随时进行自检，发现问题及时解决，防止重大事故的发生。制定改进和预防质量事故措施，防患于未然。在实施过程中还要搞好施工机械设备检修，保持机械设备的正常、高效运转。

（3）加强工程投入使用后的质量管理工作

对已经完成工程要做好工程回访，如果发现工程质量上存在问题，要分析原因，及时进行补救。由于施工原因造成的工程质量问题，施工企业要按照合同约定责任负全责。

3. 项目资金控制措施

设立专账、专户，根据工程进度拨付资金。对公开招投标项目验收合格后，严格按工程标底付款、决算。

资金由公司及园区财务管理者统一管理，对资金使用实施监督，并组织专门审计小组对资金使用情况进行定期审计，确保工程资金使用的合理性。

（三）项目运行管理

为进一步促进园区的综合开发，延长开发效用，提升开发质量，增强园区的经济和社会效益，公司结合自身的实际情况制定园区项目工程的管护运行措施。

1. 构建服务平台

公司组建专业管护队伍，也可采取委托、专业经营的模式，通过项目公开招标，委托具有一定实力和经验的单位或企业进行管理。

2. 坚持“高标准施工，高标准管理”的原则

把工程管护放在突出的位置，明确提出“工程建设与管护同步走”的管理原则，做到建设前去落实管理措施，建设中实施管理措施，建设后加强管理措施。

3. 明晰项目产权，确定管护主体

产权的归属问题，直接关系到项目工程的建后管护能否有保证，从以往项目工程建后管护比较薄弱的实际可以看出，造成这一现状的最主要原因就是产权不明晰，虽然表面上看项目工程建设完工后，各种管护内容也以书面形式加以明确，但由于产权不明确，管护制度仅停留在纸上，既没有跟踪督查，更没有相应的处罚，致使工程管护得不到有效落实。在产权明晰上，可以按照财政资金投入的数额和比例，明确产权构成。在产权管理上，属于园区资产的，园区相关部门进行管理；属运营、承包部门资产的由运营、承包部门直接进行管理。这样，层层明确了产权，也就明确了管护主体。

（四）竣工投产管理

1. 财务管理

加强预算管理，健全财务制度，加强成本管理，加速应收账款的回收，促使企业利润达到最大化。同时，做好节支增收文章，堵塞漏洞，开辟财源。

2. 生产管理

完善内部管理制度，提高工作效率，采取公开招聘、竞争上岗、择优录用的机制，无论是管理人员、服务人员还是生产员工，都建立岗位责任制，明确规定各个岗位的职责范围、任务、工作要求，并根据其承担的责任授予相应的权限。员工的工资和福利待遇均与企业盈利状况挂钩。

积极引进花卉种植及新品种研发的技术人才以及拥有较高管理素质的管理人才，提高管理水平；积极引进繁育和种植新技术，食用类的花卉严格按照国家无公害农产品产地生产标准进行生产。

3. 销售管理

制定营销规划与营销战略，完善交易营销方案，建立电子商务平台，健全网上交易流程制度，加强对营销人员的培训，参照国内同类先进企业的销售管理模式，完善各种营销制度。同时，注重产品的品牌建设，通过品牌赢得市场，依靠科技提高质量，把园区产品做大做强。

三、技术培训

根据员工工种的特点，制订培训计划。对新进人员须经过卫生知识培训，考核合格后方可上岗；对卫生质量管理人员应经过相关培训，通过考核合格后方可持证上岗，并定期组织培训；对于使用特殊系统和设备的人员，须接受专业人士开设的正规操作培训；定期对全体员工进行食品安全卫生知识培训和质量管理培训。

附录　北京三元规划设计方案

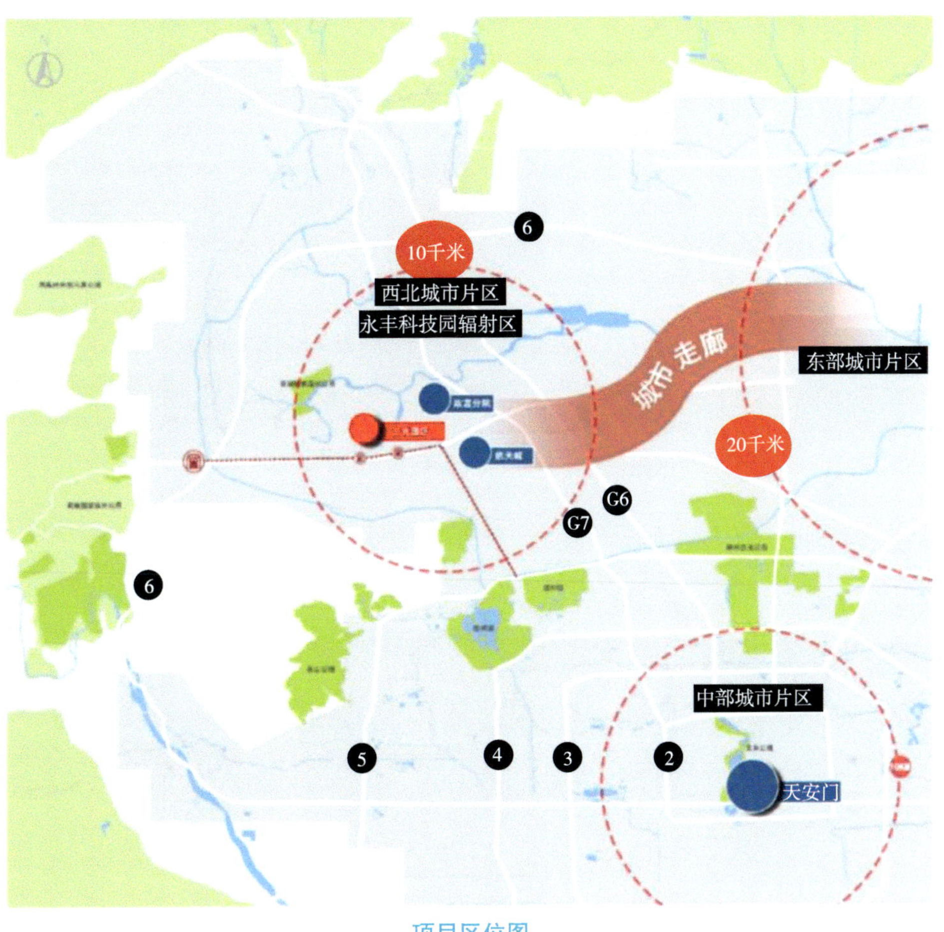

项目区位图

奥林匹克森林公园
25千米
沙河水库
15千米
圆明园
17千米
百望山森林公园
10千米
颐和园
15千米
三元农业科技园
北京植物园
20千米
香山公园
22千米
10千米
西山书院
翠湖国家湿地公园
4千米
15千米
凤凰岭风景区
46千米
妙峰山风景区

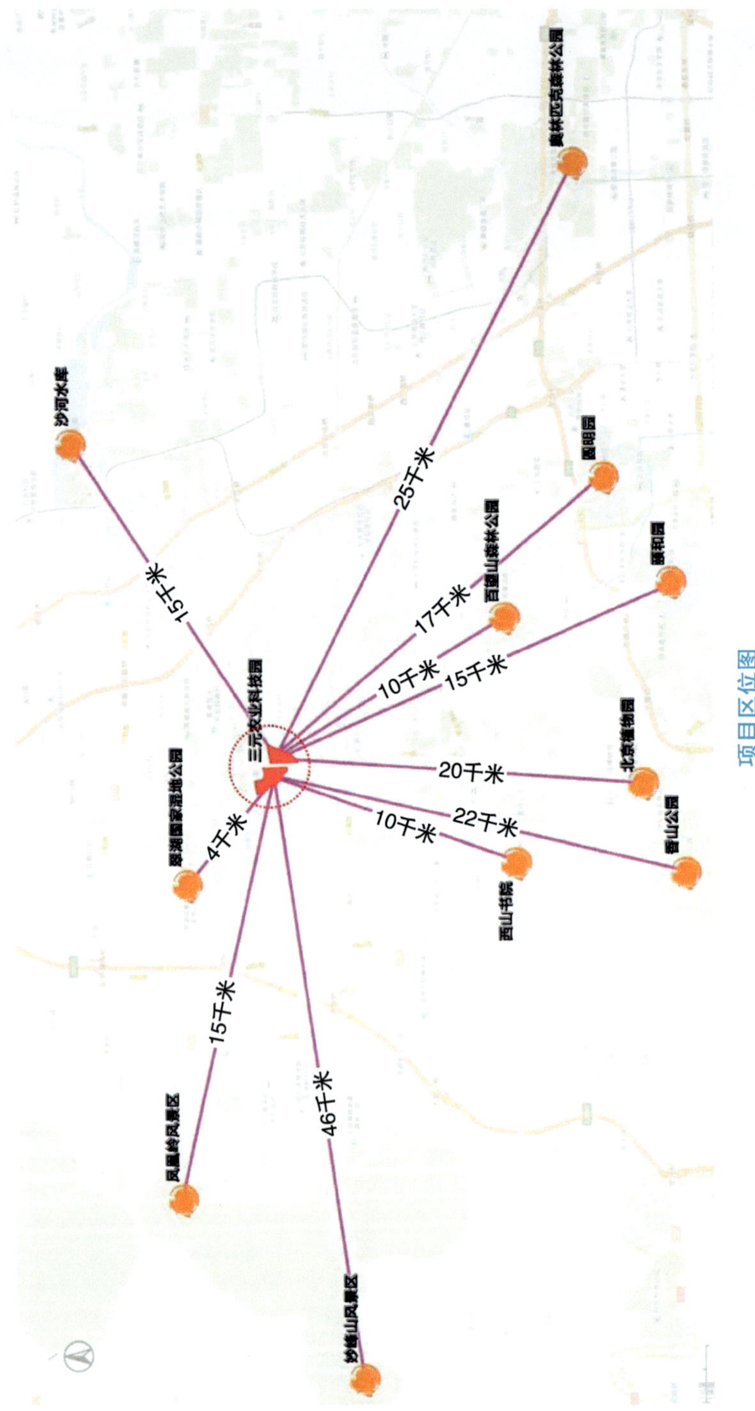

项目区位图

综合现状图：西区

综合现状图：东区

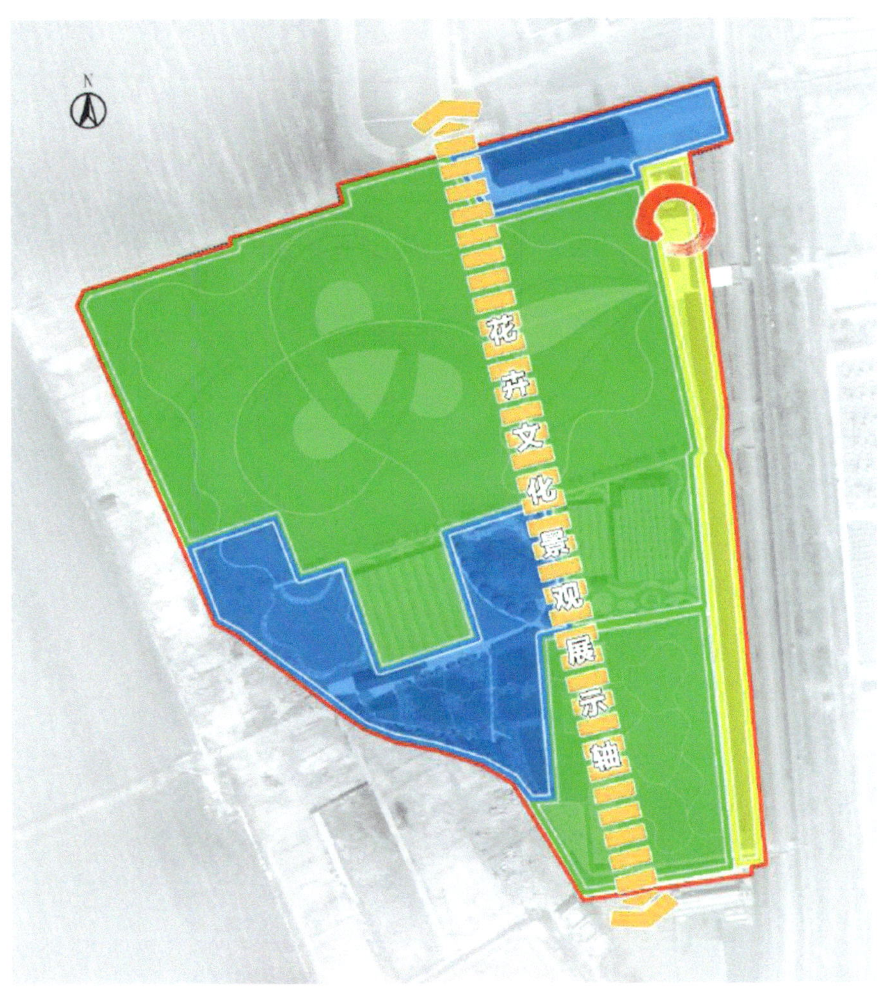

空间布局：“一心·一轴·三区”

一心：游客服务中心

一轴：花卉文化景观展示轴

三区：特色种植展示区

文创休闲体验区

特色商品交易区

空间布局图

图例

1 入口广场
2 游客服务中心
3 亲子活动DIY体验区
4 园区特色商品交易区
5 “花舞菊园”万寿菊
6 观景长廊
7 “花舞菊园”
8 亲子儿童乐园
9 食用菊花温室观赏
10 创客中心
11 坐忘谷茶艺室
12 生态草坪
13 “百年好合”
14 “花好月圆”
15 特色商贸长廊
16 市民农园
17 单株多品种樱桃林
18 智慧樱桃林
19 花田秀海
20 日光温室
21 智能蔬菜工厂
22 万亩良田
23 黄瓜育种教育基地
24 农耕文化教育室内活动区
智能连栋温室
25 农耕文化科普长廊
26 农耕文化教育户外拓展区
27 水稻生态养殖区

总体规划平面图

4—5 月西区规划图

9—11 月西区规划图

总体规划平面图：西区

规划道路（3 931米）

现状道路（2 148米）

道路系统规划设计图

西区
特色种植展示区
文创休闲体验区
特色商品交易区
东区
日光温室生产区
花田秀海观赏区
智慧蔬菜工厂观光区
连栋温室生产体验区
市民开心农场体验区
樱桃采摘体验区

功能分区图

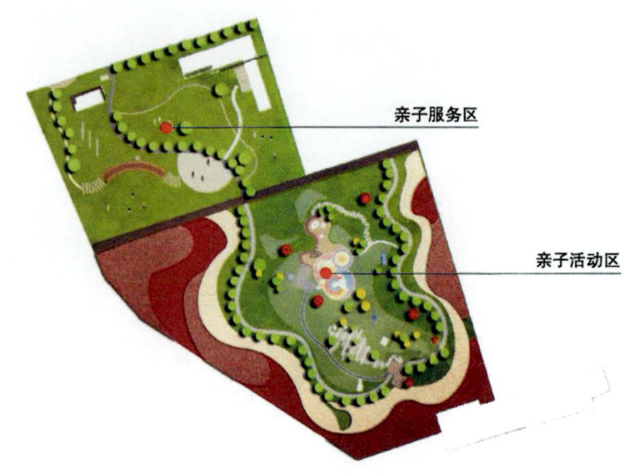

重要节点规划平面图

景观游憩规划设计图

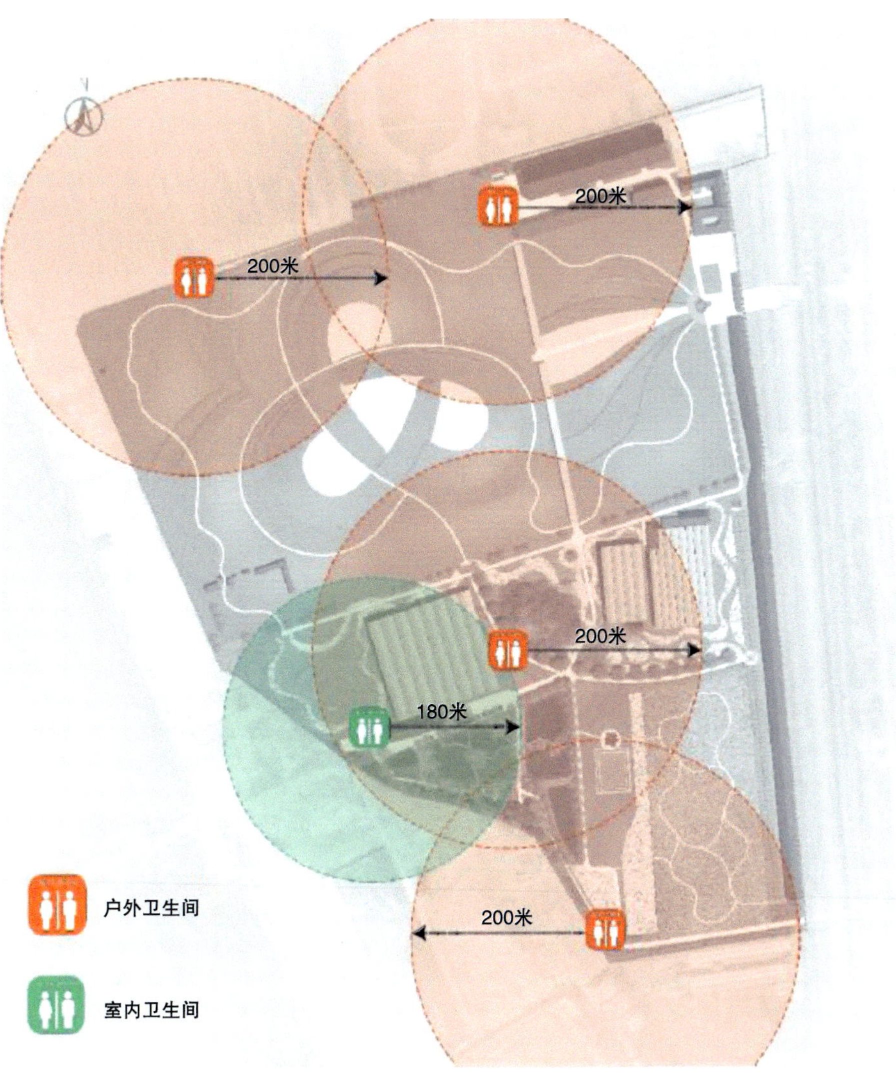

环卫生态系统规划图

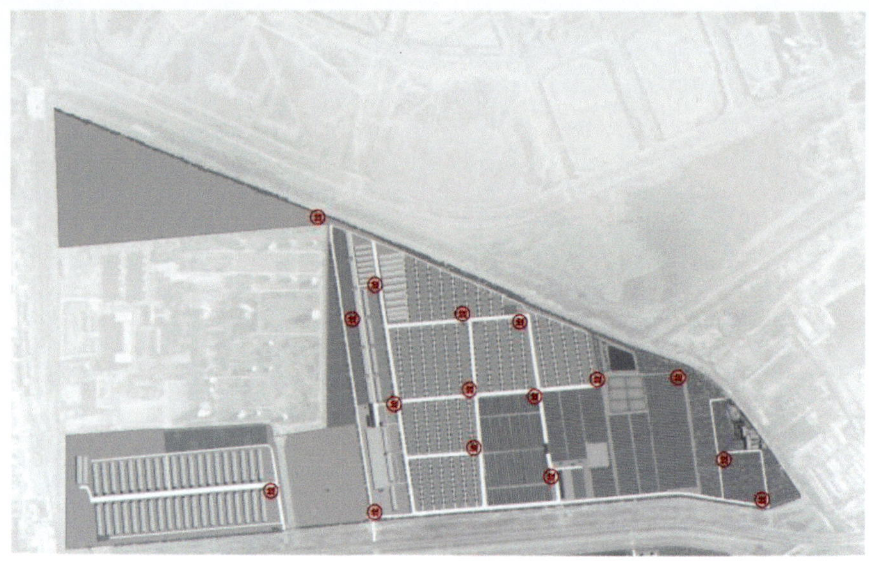

环卫生态系统规划图

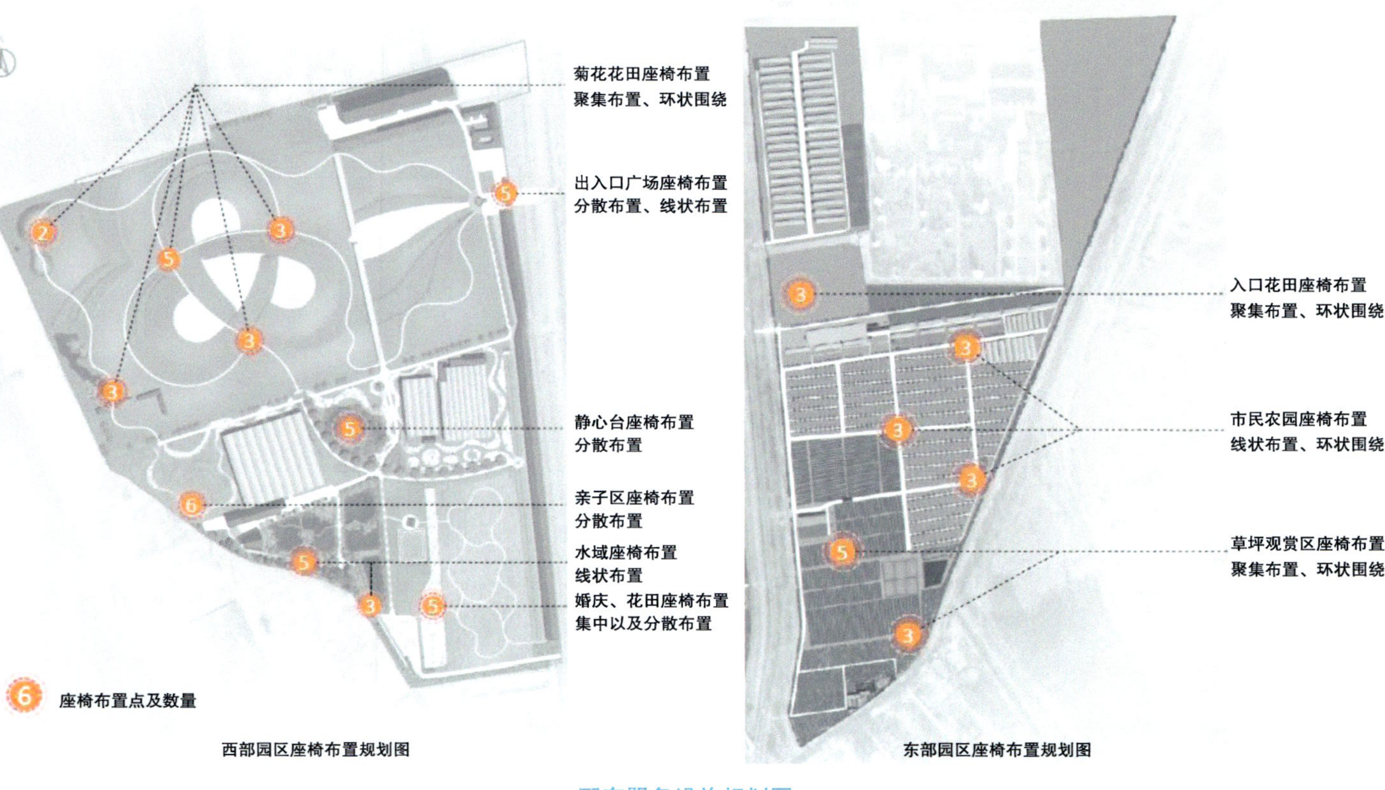

西部园区座椅布置规划图

东部园区座椅布置规划图

配套服务设施规划图

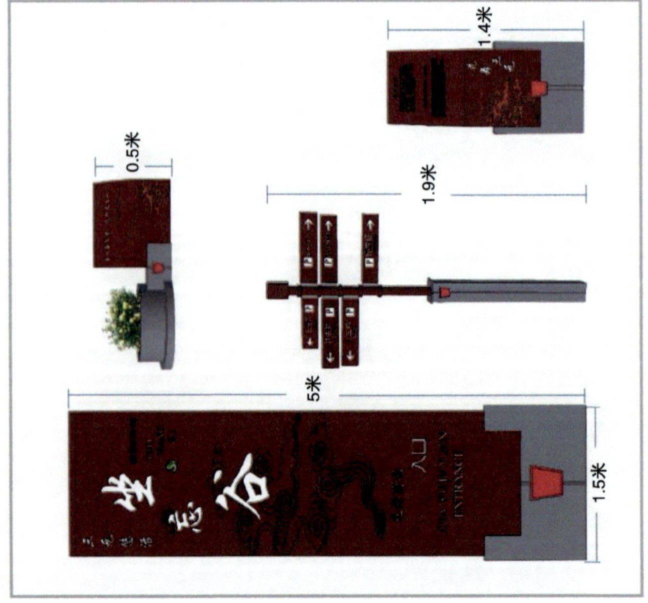

标识系统规划图

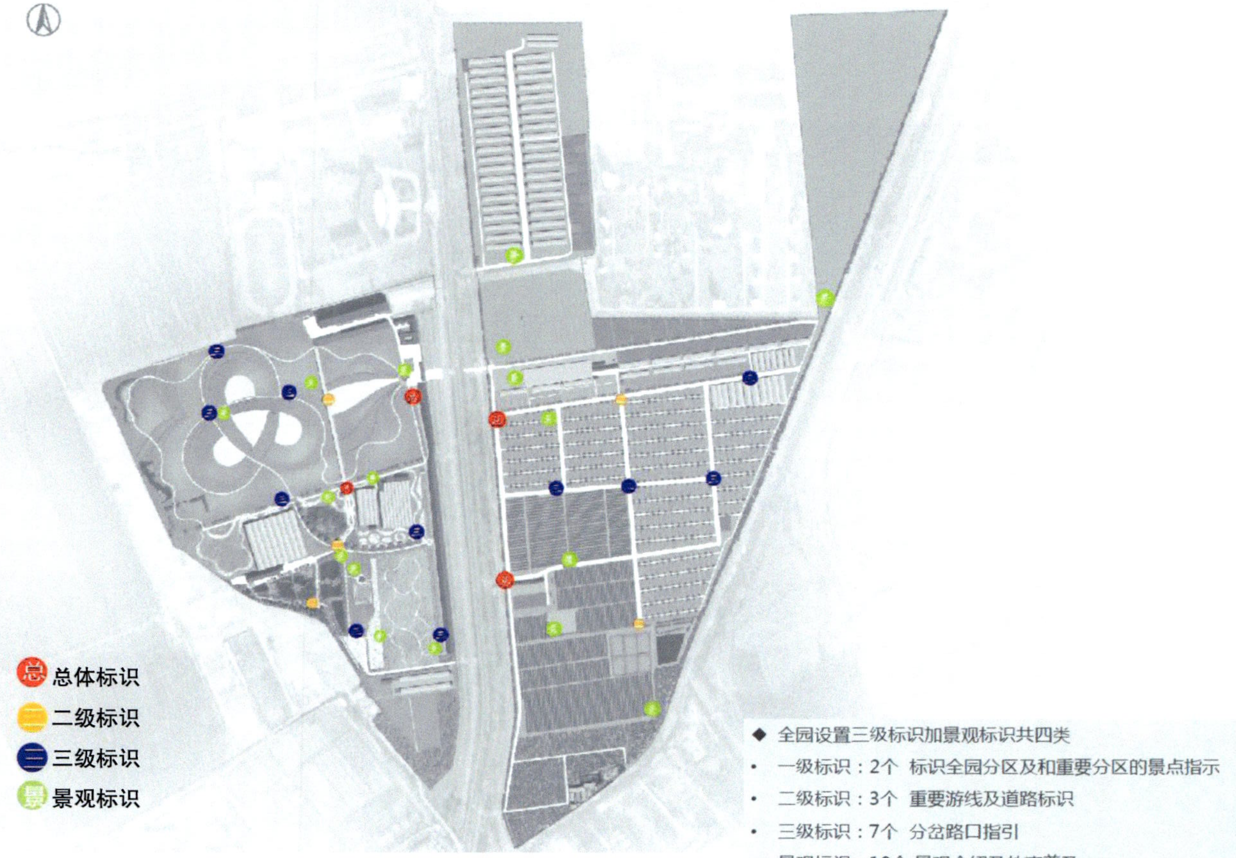

◆ 全园设置三级标识加景观标识共四类

- 一级标识：2个　标识全园分区及和重要分区的景点指示
- 二级标识：3个　重要游线及道路标识
- 三级标识：7个　分岔路口指引
- 景观标识：10个　景观介绍及教育普及

标识系统规划图

建筑风貌规划图（一）

建筑风貌规划图（二）

建筑风貌规划图（三）

种植放线图

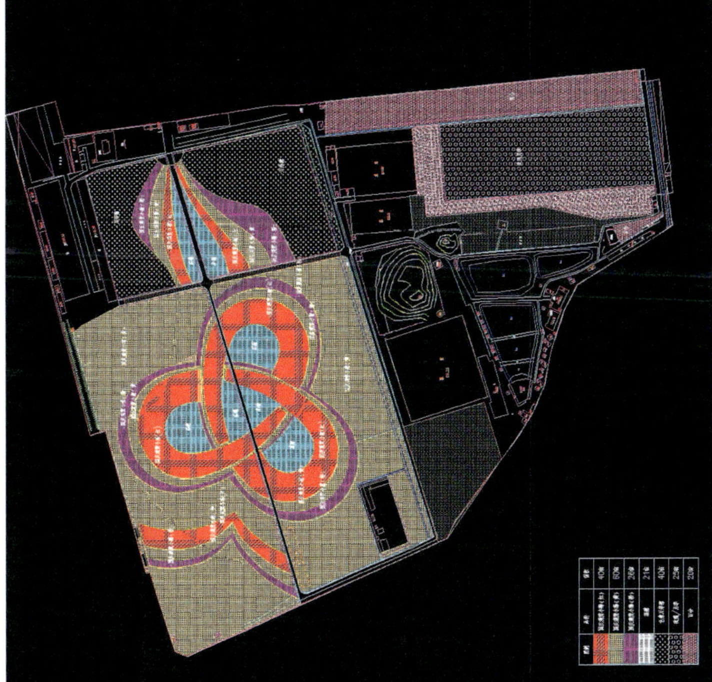

种植分布图

局部种植设计图

大门及重要景观设计图（一）

大门及重要景观设计图（二）

大门及重要景观设计图（三）

大门及重要景观设计图（四）

大门及重要景观设计图（五）

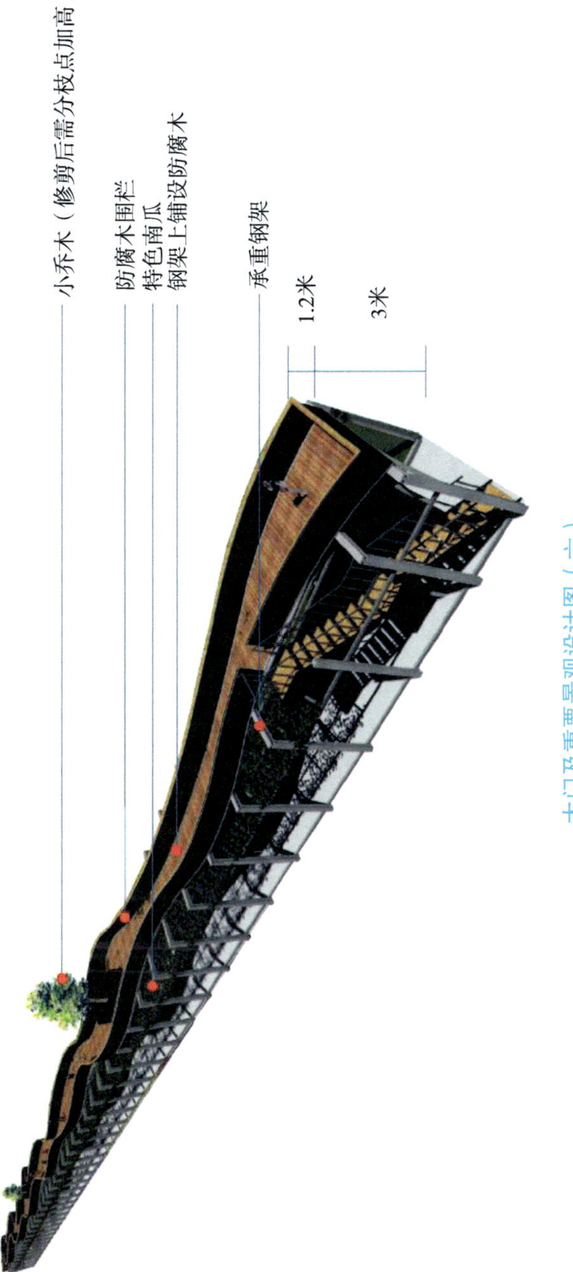

大门及重要景观设计图（六）

重要景观设计图（一）

重要景观设计图（二）

重要景观设计图（三）

重要景观设计图（四）

鸟瞰图

管网综合规划

图例
强弱电埋管位置
变压器位置

灌溉排水工程规划

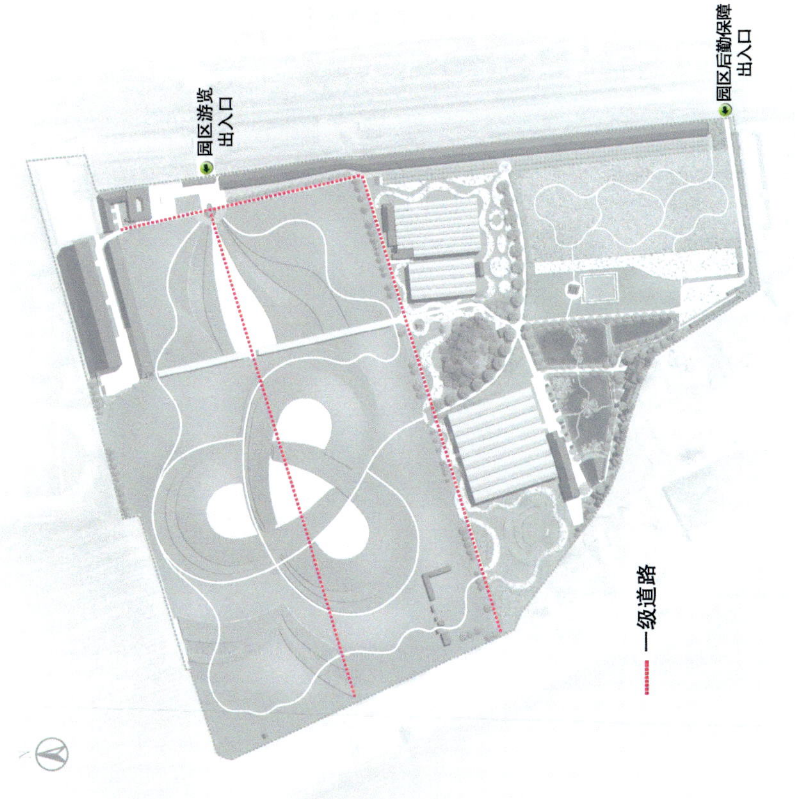

道路系统规划一级道路

道路系统规划二级道路

道路系统规划三级道路

卫生间

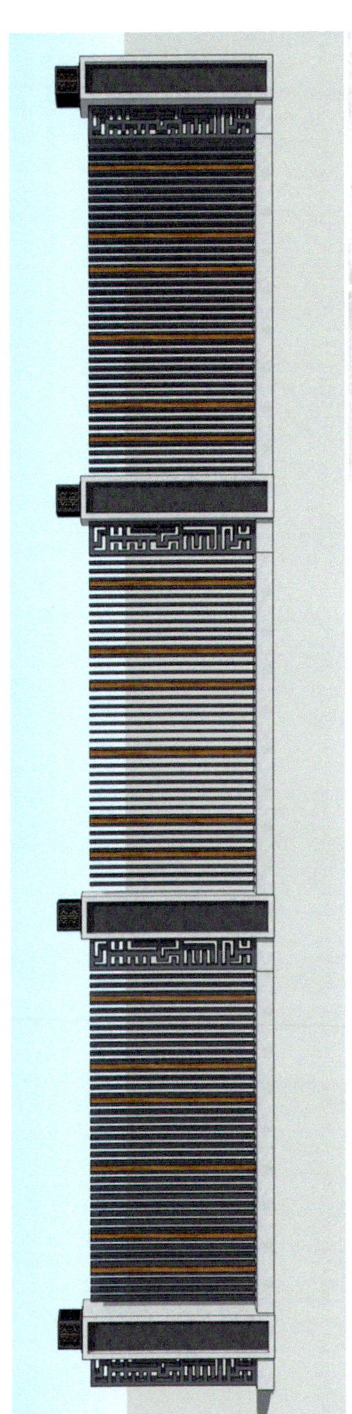

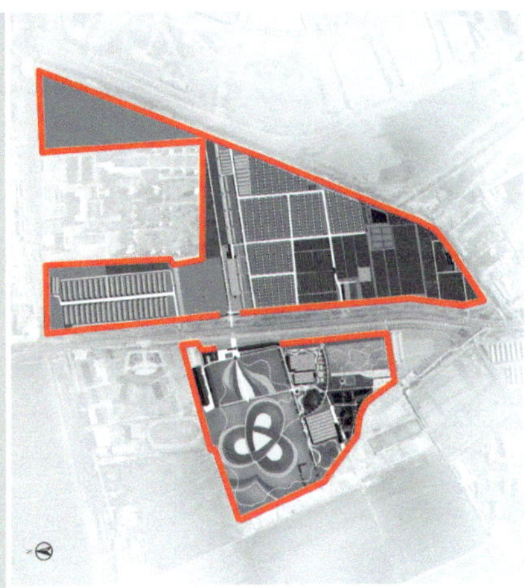

围栏

参考文献 References

毕刘杰，2015. 都市型现代农业园区建设中的地方政府作用研究——以中牟·国家农业公园为例[D]. 开封：河南大学.

常争，2017. 对武汉地区发展现代都市农业的若干思考[J]. 长江论坛（2）：58-61.

陈阜，2014. 农业科技园区规划理论与实践[M]. 北京：化学工业出版社.

陈小文，刘彩霞，郝天民，等，2017. 农业嘉年华——现代都市农业园区的新业态[J]. 中国农业信息（11）：38-41.

陈易依，魏家星，姜卫兵，2016. 融合“慢城”理念的都市农业园发展新模式探讨——以简阳双古井园区规划为例[J]. 湖南农业科学（4）：87-89，93.

邓鹏，2013. 济南都市农业园区发展现状及对策[J]. 山东农业科学（1）：111-115.

丁瑶，何启之，王思元，2019. 城市近郊区都市农业园区发展研究[J]. 南方农业，13（8）：114-115.

董家田，俞菊生，罗强，等，2016. 农业园区创新功能对上海都市农业发展的促进作用[J]. 农学学报，6（6）：56-60.

菲利普斯，2014. 都市农业设计：可食用景观规划、设计、构建、维护与管理完全指南[M]. 申思译. 北京：电子工业出版社.

冯沛园，2014. 城市农业公园的规划与探索[D]. 南京：南京农业大学.

傅国义，2014. 曾家都市现代农业园区的发展启示[J]. 重庆行政（4）：91-95.

谷康，李淑娟，2012. 苏南地区观光农业园景观规划探析——以无锡观光农业园为例[J]. 规划师，28（1）：45-50.

郝美彬，周君，2018. 农业公园规划设计初探——以兰陵国家农业公园规划设计为例[J]. 农学学报（2）：86-89.

黄以柱，2012. 区域规划学[M]. 北京：经济科学出版社.

李琼，2013. 北京市都市农业园区现状与发展研究[J]. 中国物流与采购（18）：42-46.

李贞，2015. 都市型农业园区开发策划研究——以熙可二圣镇生态统筹示范项目为例[D]. 杭州：浙江工业大学.

丽莎·泰勒，2016. 你的农场在城市[M]. 钱峰，黄婉君译. 武汉：湖北科学技术出版社.

刘卉，2013. 都市农业园区景观设计研究[D]. 西安：西安建筑科技大学.

刘志力，2013. 都市农业园区规划设计研究[D]. 雅安：四川农业大学.

罗长海，邢斌斌，吴爽爽，2010. 都市农业园区的空间布局研究——以杭州都市农业园区为例[J]. 规划师（S2）：20-23.

苗会永，2017. 打造都市生态农业先行示范区的几点建议[J]. 内蒙古科技与经济（3）：3-5.
苗洁，2016. 都市农业创新思路[J]. 开放导报（3）：45-48.
祁卫娜，孙美玲，王刚建，等，2017. 中牟县都市型现代农业发展现状与对策研究[J]. 河南农业（1）：18，20.
汪静，2016. 浅谈休闲农业园区规划设计[J]. 园林绿化（6）：125-126.
王丽佳，2017. 贵州省遵义市播州区都市农业发展现状及对策[J]. 农业科学（2）：31.
吴燕，2018. “三生”共融视角下的昆山都市农业园区化[J]. 江苏农村经济（7）：44-45.
向世聪，2006. 园区经济论[M]. 长沙：湖南人民出版社.
谢晶，2011. 基于可持续发展的都市型农业园区研究[D]. 长沙：中南林业科技大学.
邢光，2017. 浙江省“都市型”现代农业产业园发展现状[J]. 现代化农业（12）：58-60.
扬·盖尔，2010. 人性化的城市[M]. 欧阳文，徐哲文译. 北京：中国建筑工业出版社.
叶精明，葛幼松，2013. 城乡统筹视角下的都市农业园区规划研究——以句容市华阳镇为例[J]. 江苏科技大学学报，（13）：98-102.
俞菊生，吴轶韵，2011. 上海建设“两型都市农业”的障碍及对策[J]. 上海农业学报，27（1）：1-6.
喻璐颖，杨君，2016. 基于功能分区的国家农业科技园区规划研究——以望城国家农业科技园为例[J]. 国土与自然资源研究（2）：78-82.
曾荆玉，陈寅屹，2017. 都市农业初探—以杨浦区创智农园为例[J]. 规划设计（2）：39-43.
张天柱，2017. 农业嘉年华规划建设与案例分析[M]. 北京：中国轻工业出版社.
张燕青，林魁，陈阳，2013. 都市农业园区规划设计探析[J]. 现代农业科技（23）：183，187.
章一鸣，陈秀华，2013. 加快奉贤区都市现代农业发展的战略思考[J]. 上海农村经济（4）：15-19.
赵金龙，2014. 农业园区用地矛盾及破解方式[J]. 经济纵横（10）：59-62.
周维宏，唐衡，2014. 亚洲都市农业发展的国际比较研究：以北京和东京等大城市的比较为中心[M]. 北京：世界知识出版社.
朱俊峰，张凤荣，2010. 大城市近郊农业园区发展现状、问题及对策[J]. 农村工作通讯（23）：36-39.
朱明芬，陈随军，2006. 试论都市农业园区功能及其强化对策[J].浙江农业学报，18（1）：7-11.